妇幼保健机构等级评审系列丛书

妇幼保健机构等级评审应知应会

主　　编	盛小奇　　周绍明　　王　华
执行主编	陈湘华
副主编	蒋文君　　陈棱丽　　陈　兰
编　　委	（按姓氏笔画排序）

王佳芝　　方俊群　　龙跃平

冯　倩　　向　华　　杜其云

李　博　　吴良建　　何　姣

张艳红　　张　璞　　陈琼英

郭　燕　　黄　婷　　梁　娟

蒋　宏　　蒋望雁　　曾淑贤

谢冬华　　廖　麟　　熊黎黎

中南大学出版社
www.csupress.com.cn

·长沙·

图书在版编目（CIP）数据

妇幼保健机构等级评审应知应会 / 盛小奇，周绍明，
王华主编. —长沙：中南大学出版社，2019.9
ISBN 978 - 7 - 5487 - 3764 - 3

Ⅰ.①妇… Ⅱ.①盛… ②周… ③王… Ⅲ.①妇幼保
健—医药卫生组织机构—评定—中国 Ⅳ.①R197.322

中国版本图书馆 CIP 数据核字(2019)第 205303 号

妇幼保健机构等级评审应知应会

主编　盛小奇　周绍明　王　华

□ 责任编辑	陈海波	
□ 责任印制	易红卫	
□ 出版发行	中南大学出版社	
	社址：长沙市麓山南路	邮编：410083
	发行科电话：0731 - 88876770	传真：0731 - 88710482
□ 印　　装	长沙雅鑫印务有限公司	

□ 开　　本	787 mm × 1092 mm　1/16　□印张 10.25　□字数 161 千字
□ 版　　次	2019 年 10 月第 1 版　□2019 年 10 月第 1 次印刷
□ 书　　号	ISBN 978 - 7 - 5487 - 3764 - 3
□ 定　　价	58.00 元

前 言

行健致远

人的一生总有许多不经意。

岁月不居，时节如流。一年犹如一部快进的电视剧，留在记忆中的仿佛只有开头和结尾。不经意间，年轮已在我脸上刻上了深深的印记，平添了岁月的风霜，也增添了自己的紧迫感和使命感。

或许我们都要感谢世界卫生组织以发展创新的眼光，对年龄划分标准作出了新的规定：18 岁至 65 岁为青年人；66 岁至 79 岁为中年人。按此标准，我还属于一个不帅的青年人。但根据自己身体状况，我还是保守地把自己划为中年一族，湖南省妇幼保健院也迈入了中年。

人到中年，最大的感受便是：扬手还是春，落手便是秋。在这一扬一落之间，心中不时有种淡淡的无奈，那是一种被青春抛弃的感慨。但也有了更多的感悟，在不知不觉中学会和拥有了笃定恬淡的心态，对知雄守雌的人生哲学有了更深的理解。

人到中年，感觉身上的担子更重了。年迈的父母一辈，需要我们更用心地孝敬和更细致的关怀；渐渐长大的儿女，也有一些大事需要关心和支持；活泼可爱的孙辈，也间常需要我们作为全职保姆，顶替保姆阿姨休假时的空档。虽然有时觉得累，但从中体会到的是一种生活的乐趣和修身齐家的韵味。

人到中年，感觉肩负的责任更大了。我们告别了激情的青葱岁月，人生的态度里多了些稳重、忍耐与宽容。我们学会了理性的思考，与时俱进的开拓，在创新改革的方向上探索，在事业前进的道路上拼搏。得益于 7 年前湖南省妇幼保健院首届科技大会确定的方向和全院员工孜孜不倦的耕耘，2018 年湖南省妇幼保健院在中国医院科技量值排名中，妇产科学位列第 27 名、全省第一，儿科学也进入全国百强。新时代在不断地鞭策我们，要做一个讲政治、有情怀、高站位、敢担当的妇幼人，时光容不得我们蹉跎。

中年的湖南省妇幼保健院，得益于湖南省卫生健康委员会党组的正确领导和全院职工的奋力拼搏，得益于国家卫生健康委妇幼司、中国妇幼保健协会专家们的悉心指导，于 2017 年 6 月在全国省级妇幼保健院中率先通过了新标准的三级甲等妇幼保健医院复审，得到了上级的肯定和全国妇幼保健院同行的认可，也吸引了全国各级妇幼保健院同行来院交流。同时，湖南省妇幼保健院的专家们也被邀请到全国各地进行指导，在全国妇幼保健机构标准化建设与规范化管理工作中起到了积极的促进作用。

中年的我们，淡泊宁静，专心致学。脑海中时常回想起习总书记在系列讲话中多次引用的名言"天行健，君子以自强不息"。

是啊，中年的我们如同一艘饱受风浪之舟，在滚滚的深海之中，抵御着来自各方波浪的冲击，艰难地航行。需像天一样，刚强劲健，发奋图强，永不停息；也应如大地一般，增厚美德，容载万物，才能达到更远的目标。

盛小奇

湖南省妇幼保健院　院　长

2019 年 6 月 3 日

目　录

第一章　保证妇幼卫生工作正确的发展方向

1. 医院等级评审的方针和评审重点

评审十六字方针是"以评促建、以评促改、评建并举、重在内涵"；
评审重点要素是："质量、安全、服务、管理、绩效"。

2. 全面质量管理特征

三个核心特征：全员、全过程、全面。

3. 医院迎接医院等级评审的领导组织机构

医院成立"三甲复核"领导小组及办公室(医务部、保健部、评价办)。

4. 等级医院评审的目的和意义

医院层面：提高医疗质量、提高管理水平、提高综合实力。
患者层面：保障患者医疗安全、保障优质服务、保障患者权益。
医务人员层面：搭建技术平台、优化工作环境、提高人员素质。

5. 医院评审遵循 PDCA 循环原理

要学会运用 PDCA 质量管理方法，树立持续改进的理念。要牢记 P—D—

C—A 即：计划—执行—检查—处理，实现螺旋上升的管理要求，每个循环解决一个问题，余下的问题下一个循环再解决，持续改进。凡事都应有 P：计划、制度、流程；D：执行、培训；C：检查、监管、反馈；A：处理、持续改进。

6. 常用医疗质量管理工具

（1）传统 7 种工具：

调查表法、质控图、分类法（分层法）、排列图法（主次因素分析法）、因果分析图法（鱼刺图法）、直方图法、散点图（相关图）。

（2）PDCA 循环（——戴明环）：

P（plan）——计划，确定方针和目标，活动计划；D（do）——执行，实地去做，实现计划内容；C（check）——检查，总结执行结果，注意效果，找出问题；A（action）——处理，对总结结果进行处理。未解决的问题进入下一个 PDCA 循环。

（3）追踪方法学（trace methodology，TM）：

TM 是经由接受过专门培训的专家使用特殊的追查方式去检视和感受服务对象所接受过的医疗服务质量。评价专家沿着服务对象接受过的诊疗与服务的科室进行访查，同时从服务对象的角度实地了解服务流程和效果，以确定服务对象的安全、权利及隐私是否真正受到保障。

（4）根本原因分析（root cause analysis，RCA）：

RCA 是一项结构化的问题处理法，用以逐步找出问题的根本原因并加以解决，而不是仅仅关注问题的表征。根本原因分析是一个系统化问题处理过程，包括确定和分析问题原因，找出问题解决办法，并制定问题预防措施（如图 1 - 1）。

目的：明确发生了什么事件，为什么会发展到这个地步，如何预防类似事件再次发生。

（5）全面质量管理（total quality management，TQM）：

指一个组织以质量为中心，以全员参与为基础，目的在于通过顾客满意和本组织所有成员及社会受益而达到长期成功的管理途径。

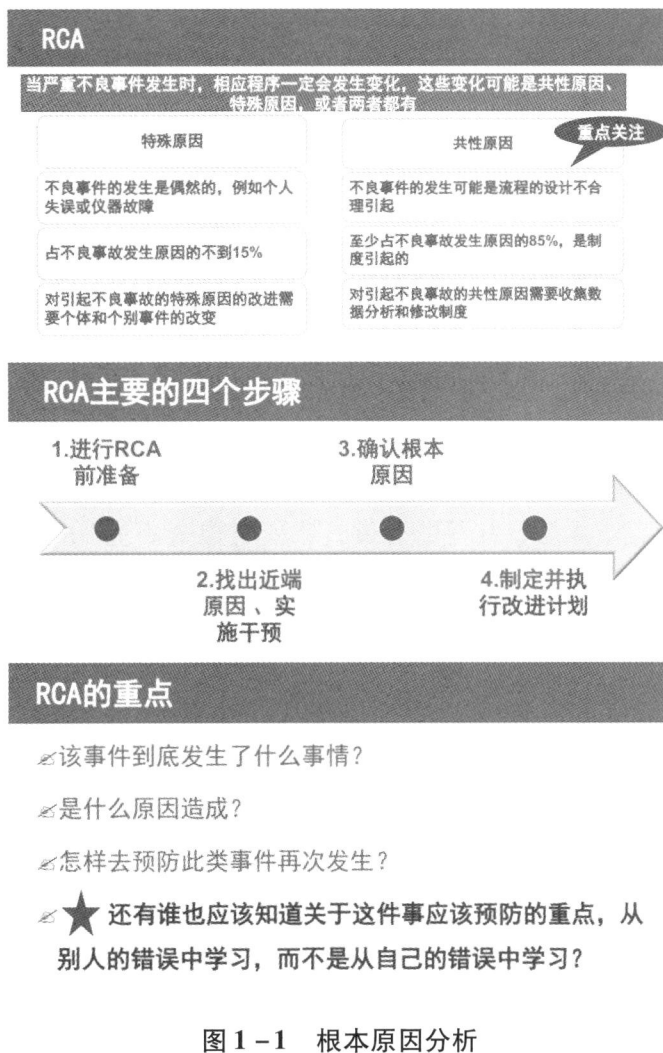

RCA

当严重不良事件发生时，相应程序一定会发生变化，这些变化可能是共性原因、特殊原因，或者两者都有

特殊原因	共性原因 重点关注
不良事件的发生是偶然的，例如个人失误或仪器故障	不良事件的发生可能是流程的设计不合理引起
占不良事故发生原因的不到15%	至少占不良事故发生原因的85%，是制度引起的
对引起不良事故的特殊原因的改进需要个体和个别事件的改变	对引起不良事故的共性原因需要收集数据分析和修改制度

RCA主要的四个步骤

1.进行RCA前准备　　3.确认根本原因

2.找出近端原因、实施干预　　4.制定并执行改进计划

RCA的重点

☞该事件到底发生了什么事情？

☞是什么原因造成？

☞怎样去预防此类事件再次发生？

☞★还有谁也应该知道关于这件事应该预防的重点，从别人的错误中学习，而不是从自己的错误中学习？

图1-1　根本原因分析

（6）**品管圈**（quality control circle，QCC）：

由相同、相近或互补之工作场所的人们组成数人一圈的小圈团体（又称QC 小组，一般6 人左右），然后全体合作，集思广益，按照一定的活动程序、活用品管七大手法，来解决工作现场、管理、文化等方面所发生的问题及课题。

7. 把握迎评工作中的两个要点

（1）写你要做的、做你所写的、记你所做的、说你所获的。

（2）要做到两个凡事：

凡事都应有 P：计划、制度、流程；D：培训、执行；C：监管、反馈；A：整改、持续改进。

凡事都应有：清晰的思路、科学合理的分工、明确的责任人和监管人、全体员工的积极参与、充分详实的资料准备、客观现实的自我评价、良好的协作和协调机制。

8. 员工如何迎接检查

如何迎接检查者的提问

（1）保持自信、镇静、友善的态度，严禁对检查不屑一顾或表现出抵触的情绪；尊重和配合检查专家的工作，遇有质疑时，严禁与专家发生辩论；请注意保持微笑。

（2）只回答被问到的问题，并说你知道的。不要提供你不是 100% 确定的信息。

（3）在回答问题前应谨慎思考，如不清楚检查者提出的问题可请检查者再解说一遍。如不知道答案，不要回答"不知道"，应该说"我去查一下再回复您"。

（4）必要时，可以利用你的笔记、文件夹、计算机文件、海报、医院网站等方式来帮助回答问题，不必记忆所有的东西，但必须正确地说出相关资料的查阅位置和方法。

（5）回答问题时可以参照政策，尽可能举出制度或流程以支持你的答案。

（6）在回答检查者的问题时，避免使用含糊之词，要有自信，声音洪亮，且回答"这是我们遵守的标准"。

（7）在评审专家面前不要表述和同事的答案不统一，或强调你个人的不同意见或作业方式。

（8）要有正面的态度：即认为评审专家是来帮我们改进的，要将他们的意见或建议用在改进上。

（9）科主任在非必要时不可抢先回答问题，应引导员工以正确的方式回答问题，这样有机会使员工做出正确的回答。因为检查者想看到的是员工怎样做的，制度有无层层落实。

（10）参加值班者（含医院总值班）做好应急考核和处理问题能力考核的准备。

（11）接受对领导、医院现状的满意度调查，保证满意度≥96%。

（12）做好应急传呼、电话考核和模拟案例检查的准备。

（13）仪表端正、服装整齐、挂牌规范、文明用语、准时上班。

模拟案例的检查应对

（1）要熟悉危重病抢救程序及抢救人员的站位，特别要明确指挥者和记录者。

（2）模拟案例考核是一种全新的考核方式，各相关部门必须进行多次相互配合的演练，让各个部门都知道有可能都要参与到案例考核中。案例模拟不是速度比赛，而是在规定的时间内进行规范化的诊疗和操作。

（3）模拟人与真患者感觉不一样，但在考核过程中一定要把模拟人当成真患者来对待，严格遵循诊疗规范和医院感染（简称）的相关规定。

（4）被考者需要对被抽到的疾病从诊断与鉴别诊断、并发症、治疗措施及相关的检查结果有全面深入的了解。

（5）被考者对评审专家的任何提示均要做出反应，例如：评审专家说"呼吸机故障"时绝对不能答说"呼吸机正常"，而应该演示呼吸机故障的时候应该采取的措施。又如检查者说出"患者血压异常"时一定要有所反应，采取积极的措施。

（6）时刻要注意患者的安全，要尊重患者的知情权，在做任何需要知情同意的工作时需要签署知情同意书。

（7）案例中还会涉及到与患者亲属的纠纷，员工需要学会如何处理。

（8）会诊医务人员到场，要大声说"我是××科会诊医生，我已到达"，并迅速与相关科室医生进行医疗抢救信息对接，投入抢救工作。

（9）案例中涉及投诉纠纷、费用等可能还会牵涉到院总值班、投诉受理部门等，相关人员也需要有所准备。

（10）口头医嘱要复述，操作完成要报告"××医生（护士），××已完成"。

（11）各个后勤保障部门包括设备、总务、信息等相关的部门都要在检查的当天做好准备，各值班人员的名单及通信方式均要在急诊科能及时找到，检查当天被抽到的人必须在规定的时间内到达。

如何迎接评审专家的文件材料审查

（1）科室内的备查资料要放在全科室人员均可及的位置。

（2）全科室人员均要掌握备查文件夹中的所有内容。

（3）检查时要快速（2分钟之内）、准确地向检查人员提供相关文件，并通知文件资料的解释人到场。

（4）在文件审查时会有很多申辩的机会，当检查人员遇到疑惑询问你时，此时回答的方式很重要，回答要慎重，要给其他人留有足够的时间和空间补充说明。当检查者有不同意见时，要虚心请教，并当面将其意见记录在笔记本上，同时表示谢意。

第二章 "三级妇幼"评审细则的要求

1. 全员掌握内容

（1）全员掌握心肺复苏指南操作技能。★

（2）全员掌握灭火器的使用。★

（3）全员掌握七步洗手法。★

（4）全员牢记妇幼卫生工作方针："以保健为中心、以保障生殖健康为目的，保健与临床相结合，面向群体、面向基层和预防为主"。★

（5）全员牢记本院的愿景、宗旨与目标；核心价值观及医院功能任务定位；掌握医院理念、精神、院徽释义等文化建设内涵。★

（6）全员牢记服务对象（患者）的权利与义务。★

（7）全员牢记紧急事件处理方法。★

（8）全员牢记患者十大安全目标。★

（9）全员知晓发生火灾时的报警、各科室各岗位职责分工、逃生及疏散服务对象的方法。

（10）掌握国家发布的行业相关法律法规。

（11）牢记本人岗位职责；科室工作制度、流程、预案；应急职责与应急流程。

（12）熟悉本院的年度规划目标以及本部门/科室的年度计划、目标以及管理目标。

（13）掌握医院质量管理组织体系、本科室医疗质量和安全体系的构成、关键质量监测指标、各项指标的目标值。熟知本岗位质量标准、质量指标和改进的方法。

（14）知晓医疗保健科研项目管理制度与审批程序的管理要求

（15）知晓"三重一大"事项必须经院领导班子集体讨论做出决定的制度。

（16）熟悉获取"三重一大"信息和院务公开的方式：医院网站、院内信息公开栏、各种宣传栏、职代会、院周会、科主任例会、护士长例会、医院文件、电子大屏幕、电子触摸屏、新闻媒体报道等。

（17）熟悉本科室消防设施配置数量及摆放位置；会正确使用消防器材。

（18）知晓停电时的应急预案；各个病区都设置有应急用照明灯。

（19）知晓医院绩效分配原则。

（20）熟悉医院应急工作的归口管理部门（应急办挂靠医务部），熟悉院级、科级组织的应急处置和应急演练预案和工作流程。

（21）相关人员熟悉危险品安全事件处置预案、处置程序。

（22）全员知晓：接受爱婴医院管理及母乳喂养知识与技能的培训与考核每年至少一次；母乳喂养知识、技能考核合格率≥80%（80分为合格，达C）、合格率100%（达A）、母乳喂养培训覆盖率100%。所有新上岗人员进行不少于18小时的母乳喂养知识、技能培训。每年对妇科、产科、儿科、新生儿科医护人员及业务管理人员进行不少于3小时的培训。

2. 医护药技人员掌握内容

（1）牢记本人岗位职责，特别是核心制度（医技人员均要掌握18项核心制度）。

（2）掌握技术操作规程和工作流程、标准；院级及科级制度。

（3）知晓本岗位应遵循的临床诊疗指南、疾病诊疗规范和药物临床应用指南等。

（4）掌握病历书写规范、病历质量监控评价标准。

（5）知晓本岗位、本部门（重点部门：急诊科、手术室、产房/产科、腔镜室、重症监护病房、新生儿室/病房、本院设定的其他重点部门等）的医疗保健质量关键环节（危急重症患者管理、高危孕产妇管理、高危儿管理、围手术期管理、输血与药物管理、有创诊疗操作管理、开展了放射治疗服务的需有放射治疗管理、本院设定的其他医疗保健质量关键环节管理等）管理标准与监控措施，以及本部门的重点时段（周六、周日，节假日、中午、夜间单独值班时、上下班交接班时、就诊者急剧增加时）管理标准。

（6）知晓医疗保健技术管理要求。

（7）知晓医疗技术风险处置与损害处置预案和处置流程。

（8）知晓紧急抢救情况下使用口头医嘱的制度与流程。

（9）知晓"三基三严"：基础理论、基础知识、基本技能；严格要求、严密组织、严谨态度。

（10）掌握本科室常用设备的放置位置、操作方法；知晓急救类、生命支持类设备的全院调配方案、要按时保养和保障24小时正常运转，知晓设备故障替代方案和措施。

（11）熟悉医疗（安全）不良事件的归口管理部门、报告时限和处置流程。

（12）知晓医疗纠纷处置流程及医疗投诉的归口管理部门、投诉受理和处置流程。

（13）遵循手卫生相关要求（手清洁、手消毒、外科洗手操作规程等）。

（14）知晓医院感染暴发报告流程与处置预案。

（15）知晓复评和取消、降低操作权利的相关规定。

（16）知晓缩短平均住院日的要求。

（17）知晓对需使用"腕带"作为识别身份标识的就诊者和科室有明确制度规定。

（18）知晓手术部位识别标示相关制度与流程。

（19）知晓麻醉药品、精神药品、放射性药品、医疗用毒性药品及药品类易制毒化学品等特殊药品的使用管理制度。

（20）知晓重点环节（患者在接受手术等有创诊疗前、接受介入诊疗前、接受腔镜诊疗前、接受麻醉前、使用药物治疗前、接受输液输血前），应邀请患者或其亲属主动参与医疗保健安全管理的具体措施与流程。

（21）医生知晓各类手术（特别是Ⅰ类清洁切口）预防性应用抗菌药物的有关规定。

（22）知晓危重孕产妇救治的工作制度、岗位职责、技术规范和操作规程。

（23）能够熟练、正确使用各种抢救设备。

（24）掌握除颤仪、心电监护仪操作及注意事项。医生掌握换药、体查的操作。参与急诊值班的医生掌握心肺复苏、气管插管、深静脉穿刺、动脉穿刺、电复律和呼吸机使用等技能。

（25）临床医护人员知晓输血相关制度。

（26）掌握传染病疫情报告、登记、核对以及奖惩等相关制度并组织培训，院感工作人员知晓有关规定。

（27）掌握血液保护相关技术。熟悉输血严重危害（serious harm of blood transfusion，SHOT）方案、处置规范与流程。

（28）知晓压疮风险评估与报告制度、工作流程。

（29）掌握抗菌药物、高危药品、麻精毒药品、放射性药品、终止妊娠药品、促排卵药品合理应用的要求。

（30）知晓传染病的门、急诊预检分诊制度。

（31）掌握医疗（安全）不良事件上报、危急值报告、传染病报告制度及处置流程。

（32）掌握病情评估何时进行：重点应进行住院患者入院评估、术前评估、麻醉风险评估、急危重患者病情评估、危重服务对象营养评估、住院患者再评估、手术后评估、住院时间长的患者评估、出院前评估等。

（33）掌握"危急值"的概念、报告记录原则及报告时限。医技科室人员知晓本部门"危急值"项目及内容，能够有效识别和确认"危急值"，并及时报告给临床部门。

（34）掌握药品不良事件的定义及报告处置流程。

（35）知晓医疗保健服务转介制度和流程。转科（转诊）交接制度与流程。知晓不同专业的诊疗单元交接记录内容的具体要求。

（36）按照规范要求并及时履行入院告知、手术告知、病情及治疗告知、出院告知、出院宣教、出院随访等义务。掌握告知技巧，采用服务对象易懂的方式进行沟通。

（37）医师熟悉疾病分类与手术操作分类。

（38）医护人员知晓本科室主要病种的常见并发症、预防及处理措施。

（39）医务人员在医疗保健活动中应当向服务对象或其近亲属、授权委托人说明病情和医疗保健措施。①需要实施手术、特殊检查、特殊治疗的，医务人员应当及时向患者说明医疗风险、替代医疗方案等情况，说明内容应有记录，并取得其书面同意；②不宜向服务对象说明的，应当向服务对象的近亲属或授权委托人说明，说明内容应有记录，并取得其书面同意；③知情同意书签署时间要求到分钟。

（40）医务人员接受过告知技巧，维护服务对象合法权益、知情同意方面培训；掌握维护服务对象合法权益的制度；了解不同民族、种族、国籍、宗教的习惯。

3. 护理人员掌握内容

（1）知晓全院护理管理目标及各项护理标准。知晓优质护理服务的目标和内涵。

（2）知晓质量与安全管理主要内容与履职要求。

（3）掌握护理常规、护理文书书写规范、技术操作规程。

（4）熟悉护理人员绩效考核方法，掌握各项工作流程、相关制度尤其是核心制度。

（5）掌握岗位职责、突发事件的应急预案。

（6）掌握危重患者管理制度；掌握风险评估和提供安全防范措施的服务内容，随机抽查至少五个不同专业类型病区的危重症患者进行证实。

（7）掌握细化后的分级护理内容，能够充分体现本科室疾病特色。

（8）责任护士每天评估、掌握所负责患者的诊疗护理信息，开展健康教育、康复指导和心理护理。①一般资料：床号、姓名、性别、年龄、主管医生；②主要诊断、第一诊断；③主要病情：住院原因、目前身体状况、临床表现、饮食、睡眠、大小便、活动情况、心理状况等；④治疗措施：主要用药和目的、手术名称和日期；⑤主要辅助检查的阳性结果；⑥主要护理问题及护理措施；⑦病情变化的观察重点。

（9）熟练掌握口腔护理、静脉输液、各种注射、鼻饲等常见技术操作，以及并发症预防措施、处理流程。

（10）知晓重点环节(用药、输血、治疗、标本采集、围手术期管理、安全管理等有应急预案)应急管理制度，知晓紧急意外情况的应急预案，有演练。

（11）知晓符合专业特点的心理与健康指导、出院指导、健康促进等内容。

（12）知晓所有处方或用药医嘱在转抄和执行时有严格的核对程序，并有转抄和执行者签字。

（13）知晓本科室院感管理要求、洁污分区流程、预防控制措施。

（14）对不良事件报告制度的知晓率100%。

（15）知晓高风险患者跌倒、坠床、烫伤、压疮、窒息的风险评估及预防护理措施。

（16）掌握身份识别方法；科室主要病种病情观察及护理要点与措施。

（17）掌握危重患者抢救流程。

（18）严格执行护理质量和患者安全各项评估制度。

（19）正确掌握并严格执行"三查八对一观察"。

4. 四大业务部负责人掌握内容

（1）熟悉公共卫生政策。熟悉妇幼卫生法律法规。

（2）确定医疗质量管理和持续改进总体方案，除有宗旨、目标、方针外，监控项目至少应包括，但不限于：①合理使用抗菌药物和其他药品；②合理使用血液和血制品；③围手术期管理与手术分级管理；④各类手术与介入操作及并发症；⑤麻醉与镇痛管理；⑥医院感染管理；⑦住院病历管理；⑧急诊与重症监护病室(intensive care unit,ICU)管理;⑨高危孕产妇管理;⑩高危儿管理;⑪医疗保健护理缺陷与不良事件管理;⑫服务对象、员工满意度管理。确定实施患者安全监控指标的频率、范围和方法。

(3)孕产保健、儿童保健、妇女保健、计划生育技术服务、信息管理、健康教育、医务保健管理等岗位的中层干部能够熟练掌握并准确理解妇幼卫生工作方针、目标和职责任务等。

(4)孕产保健部、儿童保健科、妇女保健部负责人掌握本辖区近3年妇女儿童死亡及健康状况,并将预防为主的理念融入到医疗保健工作中。计划生育技术服务部负责人掌握辖区近3年人口状况及计划生育服务状况。

(5)"四大业务部"负责人掌握相关临床医学、预防医学、妇幼保健管理学知识;了解近5年妇幼健康有关政策、辖区妇女儿童死亡状况及健康状况。

(6)各业务部主任掌握的关键质量指标至少包括:①高危孕产妇、高危儿等重点人群管理;②技术指导频次、覆盖面等关键环节管理;③辖区业务数据及时性、完整性、准确性等质量控制管理。

(7)掌握辖区内近3年各级妇幼保健机构及其业务部门设置情况、人员数量与构成、设备设施配置、服务内容、服务数量与质量等运营状况。掌握辖区内提供产科、儿科、妇幼保健服务的各级各类医疗卫生机构名称、性质,及其相应科室人员数量与构成、设备设施、服务内容、服务数量与质量等情况。掌握辖区妇幼公共卫生服务项目实施情况,进行技术指导,记录完整。掌握本辖区近5年有关筛查数据。掌握辖区各筛查实验室国家级、省级室间质评情况。掌握辖区内近3年托幼机构卫生保健状况。有辖区阶段性托幼机构卫生保健工作分析总结。

5. 各科室个性化掌握内容

(1)信息管理科主任掌握妇幼健康信息工作有关法律法规、规范等知识。

(2)人类辅助生殖技术实施人员均熟知《人类辅助生殖技术规范》要求的技术实施人员行为准则。严格掌握适应证,避免人类辅助生殖技术的扩大实施和滥用。

（3）实施肿瘤化学治疗的医生与护士知晓可能发生不良反应的处置预案。

（4）产房人员熟悉产房安全管理制度、本部门管理要求、药品及急救设备位置及性能。助产人员熟悉本岗位分娩风险管理和预警要求。

（5）手术相关医务人员熟悉手术后常见并发症。

（6）产科医生掌握产程干预的医学指征，中级以上职称的产科医生应熟练掌握产程干预指征；住院医师应基本掌握产程干预指征。知晓并遵循控制剖宫产的相关保障制度与工作流程。

（7）产科、新生儿科医务人员掌握预防和处理婴儿呛奶、窒息的知识与技能。

（8）新生儿重症监护病房（neonatal intensive care unit，NICU）医生掌握新生儿常见危重疾病的诊疗常规，熟练掌握新生儿复苏、气管插管、穿刺等常用技术。NICU护士应熟练掌握暖箱、辐射抢救台、微量输液泵以及生命体征监护仪等设备的应用。

（9）NICU医生熟练掌握呼吸机应用、换血、肠道外营养等专科技术。NICU护士应熟练掌握高危新生儿和早产儿护理、外周静脉植入中心静脉导管（peripherally inserted central catheter，PICC）维护技术等专科护理技术。

（10）儿童保健医生掌握本专业的疑难问题的诊断标准和评估方法，包括精神发育迟滞、广泛性发育障碍、行为障碍性疾病（注意缺陷－多动障碍）、语言障碍、睡眠障碍，儿童遗传性疾病、生长偏异等并按临床指南或诊疗常规开展筛查和诊疗工作，干预措施及治疗方案。

（11）妇女保健医生应掌握本专业的疑难病种的诊断标准和评估方法，包括盆底功能障碍性疾病、不孕症、妇科内分泌疾病等，并按临床指南或诊疗常规开展筛查和诊疗工作，制订干预措施及治疗方案。

（12）妇女儿童心理保健门诊医务人员具备妇女儿童心理保健的知识与技能，掌握心理评估、康复训练、心理放松训练等基本技能。

（13）计划生育部相关医护人员熟练掌握各种计划生育手术的方法、并发症的处理。

（14）手术医生知晓手术医生资格分级授权管理制度与规范，知晓落实患者知情同意管理的相关制度与程序。知晓有重大手术(包括急诊情况下)报告审批管理的制度与流程,知晓急诊手术管理的相关制度与流程。知晓对手术后标本的病理学检查有明确的规定与流程,肿瘤手术切除组织送检率100%。知晓"非计划再次手术"是对手术科室质量评价的重要指标及其相关管理制度。

(15)手术医生知晓术后标本的病理学检查有明确的规定与流程,肿瘤手术切除组织送检率100%,手术护士知晓手术室有具体措施、保障规定与执行程序。

(16)手术室医务人员知晓术后患者管理相关制度与流程。

(17)麻醉医生知晓资格分级授权管理相关制度与程序、定期对麻醉医生执业能力评价与再授权的制度;100%知晓麻醉过程中的意外与并发症处理规范与流程。掌握分娩镇痛与术后镇痛管理与治疗规范。

(18)每位麻醉医生均经心肺复苏高级教程培训,能熟练掌握、跟踪最新指南,及时更新心肺复苏流程。

(19)麻醉科与手术科室和输血科等人员知晓术中用血的制度与流程。

(20)产科、新生儿科医护保健人员知晓手术室、产房、母婴同室病房、新生儿病房的医院感染管理要求。

(21)产科医护人员熟练掌握产前检查及正常分娩的处理技术。①高危妊娠的筛查、诊断、处理;②妊娠高血压疾病的诊断及处理;③产科急危重症的早期识别;④各种催产术、引产术的技术、方法和并发症的处理;⑤正确绘制产程图;⑥难产的识别、紧急处理;⑦产程中母婴监测技术:阴道检查、生命体征的检查、胎心监护、羊水异常的识别等;⑧软产道损伤的处理技术;⑨产科出血的预防、诊断、鉴别诊断、正确测量及估计出血量的方法、处理;⑩心肺复苏技术;⑪消毒和隔离技术;⑫健康教育和咨询指导技术;⑬母乳喂养适宜技术;⑭新生儿危险因素识别、紧急处理,新生儿复苏技术(包括气管插管);⑮预防艾滋病、乙肝和梅毒母婴传播技术。

(22)产科医务人员掌握各种难产诊疗技术。

(23)孕产保健部(产科)管理人员掌握质量评估会议内容:分析评估上月

的围产儿死亡、出生缺陷、新生儿窒息、产后出血、剖宫产率、抗菌药物使用、伤口愈合不良、病案质量、急危重症抢救等事宜，并提出整改措施。

（24）临床重点部门负责人了解其前五位的医院感染病原微生物名称及耐药率（详见每季度病原构成及细菌耐药性分析报告）。

（25）消毒供应人员知晓清洗消毒及灭菌技术操作规程。

（26）实验室工作人员知晓工作流程及安全准则，知晓职业暴露的应急措施与处置流程。掌握消毒办法与消毒用品的使用。

（27）有完善的突发事件药事管理应急预案，药学人员可熟练执行。

（28）门诊工作人员知晓识别突发事件预警信息、掌握突发事件报告和处理流程。

（29）输血科人员知晓输血相关制度。

（30）病案科工作人员熟悉病案管理的相关法律、法规和规章；知晓保护病案及信息安全的相关制度有应急预案。

（31）手术室医务人员知晓手术室各工作区域功能及要求。

（32）急诊医生具备独立抢救常见急危重症患者的能力，熟练掌握高级心肺复苏、气管插管、深静脉穿刺、动脉穿刺、电复律和呼吸机使用等技能。急诊医护人员的技能再评价与再培训间隔时间不超过2年，有记录。

（33）急诊服务流程体系相关责任科室（急诊科、急诊药房、急诊收费、病房、麻醉手术室）人员知晓本院重点病种急诊服务流程、服务时限和获得院内关联科室连贯服务的明文规定。

（34）急诊医务人员与职能部门管理人员知晓急诊留观管理和优先住院的制度与流程。

（35）价格管理人员掌握岗位职责、掌握医药价格政策。

（36）病理科医生熟悉各种抗体染色结果，阳性信号表达部位、其诊断应用范围，做到正确地结果判读。

（37）放射科人员掌握放射安全事件应急预案；本部门、本科室和本人职责。

6. 具体数字指标

（1）特需服务门诊量占总门诊量的比例≤10%。

（2）住院特需服务床位数占实际开放床位数的比例≤10%。

（3）平均住院日≤7天。

（4）员工知晓本院宗旨、愿景与目标的内涵，知晓率≥90%。

（5）科室员工对本科室计划的主要目标知晓率≥80%。

（6）各科室负责人对本院的规划目标以及本科室的计划任务知晓率≥90%。

（7）科室设置规范，"四大业务部"按要求设置科室，数量不少于80%。

（8）重症监护病房（室）（MICU①、PICU②、NICU）床位数占总床位数的比例≥5%，符合危重评分标准（如 APACHE II 评分等）的患者≥60%。

（9）妇产科、儿科床位数不少于全院总床位数的90%。

（10）辖区内未接受培训的从事信息工作人员≤1%。

（11）本院产前检查的孕妇中促进自然分娩的知晓率90%以上。

（12）孕妇学校开课每月不少于4期。

（13）有孕妇学校，且面积≥50 m²，配备有专用教学设备、宣传资料。

（14）每年有不少于两次的辖区内健康教育和健康促进活动。

（15）技术指导覆盖面及频率达到卫生行政部门要求。

（16）辖区产前筛查、新生儿苯丙酮尿症（phenylketonuria，PKU）和先天性甲状腺功能减低症（congenital hypothyroidism，CH）筛查、新生儿听力障碍筛查率达到卫生行政部门要求。

（17）孕产妇系统管理率、3岁以下儿童系统管理率达到卫生行政部门要求。

（18）从事筛查的技术人员持证上岗率达到100%。

（19）本机构确诊病例管理率≥90%。

---

① MICU：medical intensive care unit 医疗抢救护理单元（病室）
② PICU：pulmonary intensive care unit 肺重症监护中心（病室）

（20）确诊病例管理率≥95%。

（21）本机构母子健康手册使用率100%（达B）。

（22）辖区母子健康手册使用率≥80%（达B）。

（23）辖区母子健康手册使用率≥90%（达A）。

（24）对辖区业务培训每年不少于1次，业务指导和督导每年不少于2次。

（25）全院实施患者安全监控指标的频率、范围和方法。

（26）全院各科室临床路经及特定（单）病种质量监控指标的频率、范围和方法。

（27）在岗人员参加"三基"培训覆盖率100%。

（28）在岗人员参加"三基"考核合格率100%。

（29）开展全员防范医疗风险确保患者安全的相关知识、技能的教育与培训。对重点部门、关键环节的医务人员的培训率≥85%。

（30）及时更新临床诊疗工作指南/规范（每年更新≥5%）。

（31）上级医师对诊疗方案核准率100%。

（32）科室主任负责实施本专业临床路径与特定（单）病种过程质量管理项目，确保监测指标的病种ICD-10编码、采集方法和频率，数据均应源于住院病历、门急诊病历的"证据"。

（33）将病历书写基本规范作为医生岗前培训的内容之一，医生知晓率100%。

（34）甲级病历率≥90%，无丙级病历。

（35）医嘱合格率、处方合格率≥95%。

（36）择期手术术前准备制度落实，执行率100%。

（37）手术核查、手术风险评估执行率100%。

（38）手卫生设备和设施配置有效覆盖全院各诊疗单元≥90%。

（39）医务人员手卫生依从性≥70%；手术室、产房及新生儿室医务人员手卫生依从性100%。

（40）医务人员手卫生洗手正确率达≥95%。

（41）执行麻醉药品、精神药品、放射性药品、医疗用毒性药品及药品类易制毒化学品等特殊药品的存放区域、标识和储存方法相关规定,符合率100%。

(42)高浓度电解质、化疗药物及包装相似、听似、看似药品、一品多规或多剂型药物做到全院统一"警示标识",符合率100%。

(43)处方或用药医嘱正确执行核对程序≥90%。

(44)高风险患者跌倒、坠床、烫伤、呕吐物吸入窒息风险评估率≥90%。

(45)高风险患者入院时压疮风险评估率≥90%。

(46)每百张床位年报告≥10件(不含药物不良反应及器材安全事件)。

(47)术后、产后随访率达到100%。

(48)每个产前诊断病例至少有2个细胞的核型图像照相记录并永久保存电子版本或者相片。

(49)实验室工作至少建立两个独立的培养系统分别置于不同的培养箱中,诊断失败率小于2%。

(50)产前诊断术后随访率>95%;核型异常的病例应进行随访。

(51)人类辅助生殖技术授精率不得低于60%。临床妊娠率≥15%(在机构成立的第一年),第二年以后≥20%。对体外受精-胚胎移植出生的随访率不得低于95%。

(52)高危孕产妇管理制度、技术规范、工作流程知晓率≥90%。

(53)高危孕产妇管理率≥95%。

(54)相关人员高危孕产妇识别与救治能力培训覆盖率100%、考核合格率100%。

(55)孕产妇危重症评审每季度不少于一次。

(56)单人分娩间面积≥25m²;两张产床的分娩室每张产床使用面积≥20 m²。

(57)无指征人工破膜率<10%、会阴侧切率<30%。

(58)产房中阴道分娩中转剖宫产由副主任医师以上医师判定及处理;阴道分娩中转剖宫产率<8%、医学指征合格率>90%。阴道助产率在2%~5%、会阴侧切率<30%、新生儿窒息率<5%、抽查病历(达C)。

（59）阴道分娩中转剖宫产率＜5%、医学指征合格率100%、新生儿窒息率＜3%（达A）。

（60）急诊剖宫产绿色通道：确诊后30分钟内到达手术室。

（61）非医学需要剖宫产率控制在10%以下。近3年非医学需要剖宫产率呈逐年下降。

（62）每次分娩，产房或手术室至少有1位熟练掌握新生儿插管技术的医护人员在场。

（63）危重症孕产妇救治疾病严重程度评估率达到100%。

（64）助产人员接受促进自然分娩、降低非医学需要剖宫产率的制度培训率100%、考核合格率100%。

（65）在本院产前检查的孕妇中促进自然分娩的知晓率90%以上。

（66）院内纯母乳喂养率≥80%。

（67）分娩后早开奶、早接触的比例达90%；24小时母婴同室比例90%。

（68）新生儿科无陪护病室每床面积≥3 m^2，床间距≥1 m。有陪护病室应当一患一房，净使用面积≥12 m^2。感染区每床使用面积≥9.5 m^2。

（69）新生儿平均住院日≤10天。病床周转次数≥19次/年。

（70）新生儿科接受抗菌药物治疗患者，临床微生物样本送检率达到60%以上。院内感染率低于2%。

（71）NICU护士与床位之比不低于1.5∶1。医生梯队合理、技术职称比例应满足三级查房要求。护理梯队合理、技术职称比例应满足NICU护理服务要求。

（72）2008年后上岗的NICU护士取得ICU专科护士培训资格证≥80%。

（73）新生儿科急救设备良好率100%。

（74）新生儿病死率＜2%，严重并发症发生率＜10%，早产儿视网膜病在早产儿中发生率＜5%，符合危重评分标准的危重患者＞50%。病情评估符合危重的患者＞60%（达C）。符合危重评分标准的危重患者＞80%（达A）。

（75）儿童保健门诊范围≥500 m^2，哺乳区≥10 m^2，婴幼儿活动区≥50 m^2。科学育儿宣教室≥20 m^2。

（76）高危儿管理率≥95%。

（77）高危儿、儿童保健、妇女保健各专科门诊至少有一位高级职称医师。

（78）计划生育手术室总面积＞30 m²，应有缓冲区、清洁区、污染区与污物专用通道。手术室应有调温、控湿设备，温度保持在22℃～25℃，湿度以35%～60%为宜，至少有一间观察康复室，1～3个床位，每床使用面积≥7 m²。

（79）住院患者治疗膳食就餐率≥80%。

（80）妇女儿童康复治疗有效率≥90%、年技术差错率≤1%、诊疗记录书写合格率≥90%、设备完好率≥90%。

（81）开设中医专业不少于3个。孕产、儿童、妇女保健均要提供≥2种中医诊疗技术服务。

（82）中药饮片质量合格率达100%。

（83）手术医师均知晓手术医师资格分级授权管理制度，执行率100%。

（84）知情同意书签署规范，合格率100%。

（85）手术记录和病程记录及时、完整，合格率100%。

（86）肿瘤手术切除组织送检率100%。手术离体组织送检率100%。

（87）麻醉医师继续教育达标率为100%。

（88）手术室护理人员与手术台比例≥2.5∶1。麻醉医师与手术台比例≥2∶1。

（89）麻醉单及相关记录合格率100%。

（90）麻醉复苏室至少配备有一位能独立实施麻醉的麻醉医师。

（91）符合条件的自体输血率不断提高，术中合理用血率≥95%。

（92）麻醉科：对重点环节、重点人群与高危险因素实施监测（范围、方法、频率，数据来源追踪）：①导管相关性血源感染（catheter - related bloodstream infections，CRBSI）千日感染率；②呼吸机相关肺炎（ventilator - asociated pneumonia，VAP）千日感染率；③尿路感染（urinary tract infection，UTI）千日感染率；④I类切口感染率（按手术风险分类）。

（93）医务人员手卫生知识知晓率达100%，洗手正确率≥95%。

（94）消毒供应灭菌合格率100%。

（95）药学专业技术人员≥本院卫生专业技术人员的8%。

（96）每年增减调整药品率≤5%。85%以上药品库存周转率少于10～15天，库存药品资金周转率少于25天。

（97）药品质量合格率100%。

（98）调剂室年差错率≤0.01%。

（99）肠外营养液和危害药物等静脉用药的处方合格率＞99%，二级库账物相符率＞99.9%。

（100）抗菌药物品种原则上不超过40种，一通用名称注射和口服各不超过2种，具有相似或者相同药理学特征的抗菌药物不得重复采购，头孢霉素类抗菌药物不超过2个品规，三代及四代头孢菌素（含复方制剂）类抗菌药物口服不超过5个品规，注射不超过8个品规，碳青霉烯类抗菌药物注射剂型不超过3个品规，氟喹诺酮类抗菌药物口服和注射各不超过4个品规，深部抗真菌类抗菌药物不超过5个品种。

（101）本院抗菌药物使用强度＜40 DDDs/每百人天，门急诊抗菌药物处方比例＜20%，住院患者抗菌药物使用率＜60%。

（102）使用抗菌药物前微生物（合格标本）送检率：一般≥30%；限制级≥50%，特殊使用级≥80%。

（103）Ⅰ类切口（手术时间≤2小时）手术，预防性抗菌药物使用率符合卫生计生行政部门管理规定。

（104）处方药品通用名使用率100%。不合理处方≤1%。

（105）处方点评：每月至少抽查100张门急诊处方、30份出院病历。

（106）每100张病床与临床药师配比≥0.6名。

（107）急诊检验：临检项目≤30分钟出报告，生化、免疫项目≤2小时出报告。

（108）分子生物学实验室、HIV初筛实验室≥60%员工持证上岗。

（109）室内质控覆盖实验室全部检测项目及不同标本类型，保证每检测批次至少有1次室内质控结果。

（110）临检常规项目≤30分钟出报告。检验结果的报告时间时限符合率≥90%。生化、免疫常规项目≤1个工作日出报告。微生物常规项目≤4个工作日。

（111）标本使用10%中性甲醛缓冲液固定，固定液的量不少于组织体积的3~5倍（要确保标本全置于固定液之中），特殊要求除外。

（112）常规切片的优良率应≥95%。腔镜小的活检、穿刺等需连续切片不少于6片。

（113）快速病理诊断准确率≥95%。

（114）常规病理诊断报告准确率≥95%；准确率≥99%（达A）。

（115）病理诊断报告5个工作日内发出≥85%，疑难病例和特殊标本除外。

（116）对细胞病理学诊断报告的签发有授权，抽查达到规定要求≥90%。

（117）大型X线设备检查阳性率≥50%。CT、MRI检查阳性率≥60%。

（118）设备运行完好率＞95%。

（119）医学影像诊断与手术后符合率≥90%。漏诊率、误诊率＜万分之一。

（120）输血科和临床医务人员对输血相关制度知晓率100%。

（121）为临床医护人员提供输血知识的教育与培训，每年至少一次。

（122）输血前检测率100%。输血治疗知情同意书签署率100%。

（123）输血申请单审核率为100%。大量用血报批审核率100%。

（124）血液的出入库记录完整率为100%。血液有效期内使用率为100%。

（125）相关医务人员熟悉SHOT方案、处置规范与流程，知晓率100%。医务处（科）会同输血科对输血不良反应评价结果的反馈率为100%。

（126）病案首页主要诊断的正确率100%。

（127）住院病历3个工作日归档率（C≥90%，B≥95%）、3个工作日归档率100%或2个工作日≥95%（达A）。

（128）每位护士平均负责服务对象数≤6人。

（129）医疗保健一线护士占全院护士总数的比例≥95%；病房护士与实际开放床位比＞0.5∶1（床位使用率≥93%），或病房护士与实际开放床位比≥0.6∶1（床位使用率≥96%，每增加3%使用率，护士配置比例增加10%；平均住院日小于10天）。手术室护士与手术床之比≥2.5∶1；母婴同室、新生儿病房护床比≥0.6∶1；NICU护床比、PICU护床比≥1.5∶1。

（130）绩效考核方案护士知晓率≥80%。护士每年离职率≤5%。

（131）每年护士外出参加学习人数占比≥15%。

（132）优质护理服务的目标和内涵：管理人员知晓率≥80%，护理人员知晓率100%，优质护理服务病房覆盖率100%。

（133）达A：新生儿病房1名护士平均负责≤4名普通患儿（或≤2名重症患儿）。

（134）达C：新生儿病房1名护士平均负责≤6名普通患儿（或≤3名重症患儿）。

（135）手术室工作2年以内护士占总数的比例：达C≤20%，达B≤10%。手术室护士长达C——具备主管护师以上职称和5年以上手术室工作经验；达A——具备护理专业高级职称的任职资格和15年以上手术室工作经验。

（136）手术室手卫生的执行率达100%；感染控制制度与措施的执行率100%。

（137）护理人员对不良事件报告制度的知晓率100%。

（138）门诊预约率≥门诊量80%。

（139）固定的急诊医生占比≥在岗医生的75%；固定的急诊医生占比≥在岗医生的75%；以主治以上职称为主体（在岗≥70%）；以护师以上职称为主体（在岗≥70%）。

（140）就诊分诊准确性≥90%。

（141）控制≥90%的患者留观时间＜72小时。对急诊留观时间超过72小时的患者≥90%有科主任查房记录。

（142）员工对相关的常用法律法规知晓率100%。

（143）各部门和全体员工熟悉本部门、本岗位相关的规章制度、岗位职责和履职要求,知晓率80%以上。

(144)多种渠道和方式公开"三重一大"信息,职工知晓率≥80%。

(145)对本部门、本岗位的履职要求知晓率≥80%。

(146)卫技人员占全院总人数≥80%。

(147)全院卫生技术人员年度继续医学教育达标率≥90%。每年承担省级继续医学教育项目≥5个或承担国家级继续医学教育项目≥2个(近三年)。

(148)国家级或省(市)级重点专科≥3个。

(149)重点专科学科带头人的学术成果中中医疗保健类≥50%。

(150)员工价值取向知晓率>90%。

(151)急救类、生命支持类装备完好率100%。

第三章　妇幼保健工作相关知识

1.《中华人民共和国母婴保健法》相关知识

依　据:《中华人民共和国宪法》

宗　旨:保障母亲和婴儿健康,提高出生人口素质

时　间:1994 年 10 月 27 日颁布,1995 年 6 月 1 日实施

2. 什么是"一法两纲"

"一法":《中华人民共和国母婴保健法》《中华人民共和国母婴保健法实施办法》

"两纲":《中国妇女发展纲要》《中国儿童发展纲要》

3. 母婴保健工作方针是什么

母婴保健工作是以保健为中心、以保障生殖健康为目的,实行保健和临床相结合,面向群体、面向基层和预防为主的方针。

4. 保健核心制度

基层业务指导、人员培训、工作例会、信息管理、危重孕产妇评审、孕产

妇死亡评审、儿童死亡评审、妇幼健康工作质量定期检查、托幼机构卫生保健管理健康教育等制度。

5. 妇幼保健机构提供的公共卫生服务职能

（1）完成各级政府和卫生行政部门下达的指令性任务。

（2）掌握本辖区妇女儿童健康状况及影响因素，协助卫生行政部门制定本辖区妇幼卫生工作的相关政策、技术规范及各项规章制度。

（3）受卫生行政部门委托对本辖区各级各类医疗保健机构开展的妇幼卫生服务进行检查、考核与评价。

（4）负责指导和开展本辖区的妇幼保健健康教育与健康促进工作；组织实施本辖区母婴保健技术培训，对基层医疗保健机构开展业务指导，并提供技术支持。

（5）负责本辖区孕产妇死亡、婴儿及 5 岁以下儿童死亡、出生缺陷监测、妇幼卫生服务及技术管理等信息的收集、统计、分析、质量控制和汇总上报。

（6）开展妇女保健服务，包括青春期保健、婚前和孕前保健、孕产期保健、更年期保健、老年期保健。重点加强心理卫生咨询、营养指导、计划生育技术服务、生殖道感染/性传播疾病等妇女常见病防治。

（7）开展儿童保健服务，包括胎儿期、新生儿期、婴幼儿期、学龄前期及学龄期保健，受卫生行政部门委托对托幼园所卫生保健进行管理和业务指导。重点加强儿童早期综合发展、营养与喂养指导、生长发育监测、心理行为咨询、儿童疾病综合管理等儿童保健服务。

（8）开展妇幼卫生、生殖健康的应用性科学研究并组织推广适宜技术。

6. 妇幼保健机构办院方针

突出以保健为中心；把握面向群体、面向基层和预防为主的方向；积极实践保健与临床相结合；最终实现保障生殖健康这一根本目的。

7. 保健工作主要目标

降低孕产妇病死率；降低 5 岁以下儿童病死率；提高出生人口素质；提高

妇女儿童的健康水平.

8. 近三年本辖区主要妇幼健康指标情况

需按统计学要求进行回顾性统计。

9. 近三年本辖区孕产妇死因构成

需按统计学要求进行回顾性统计。

10. 近三年本辖区 5 岁以下儿童死亡和婴儿死因构成比

需按统计学要求进行回顾性统计。

11. 近三年本辖区新生儿和早期新生儿死因构成比

需按统计学要求进行回顾性统计。

12. 近三年年本辖区活产数及两个系统管理率

需按统计学要求进行回顾性统计。

13. 四大业务部妇幼群体保健工作及妇幼项目

孕产保健部分管项目（10 个）：

（1）免费婚前医学检查项目。

（2）增补叶酸预防神经管缺陷项目。

（3）母子健康手册推广工作。

（4）预防艾滋病、梅毒和乙肝母婴传播项目。

（5）产妇系统管理工作。

（6）农村孕产妇住院分娩补助项目。

（7）湖南省孕产妇免费产前筛查项目。

（8）产科质量管理、高危孕产妇管理。

（9）危重孕产妇监测工作。

（10）孕产妇死亡控制工作。

妇女保健部分管项目（1个）：

农村适龄妇女"两癌"免费检查项目。

儿童保健部分管项目（17个）：

（1）0～6岁儿童健康管理。

（2）母子健康手册推广工作。

（3）贫困地区儿童营养改善项目。

（4）新生儿复苏项目。

（5）湖南省地中海贫血防控试点项目。

（6）出生医学证明管理工作。

（7）贫困地区新生儿疾病筛查（遗传代谢性疾病筛查）项目。

（8）贫困地区新生儿疾病筛查（听力筛查）项目。

（9）免费48项新生儿遗传代谢病检测项目。

（10）湖南省健康宝宝特别行动试点项目。

（11）出生缺陷（遗传代谢病）救助项目。

（12）出生缺陷监测工作。

（13）5岁以下儿童营养与健康监测项目。

（14）5岁以下儿童死亡控制。

（15）5岁以下儿童死亡监测工作（监测地区）。

（16）托幼机构卫生保健管理工作。

（17）儿童听力及视力保健管理。

计划生育服务部分管项目（3个）：

（1）孕前优生健康检查项目。

（2）计划生育基本公共卫生服务。

（3）计划生育爱心助孕特别行动项目。

14.《中国妇女发展纲要》（2011—2020年）妇女与健康主要目标

（1）妇女在整个生命周期享有良好的基本医疗卫生服务，妇女的人均预期寿命延长。

（2）孕产妇病死率控制在 20/100 000 万以下。逐步缩小城乡区域差距，降低流动人口孕产妇病死率。

（3）妇女常见病定期筛查率达到 80% 以上。提高宫颈癌和乳腺癌的早诊早治率，降低病死率。

（4）妇女艾滋病感染率和性病感染率得到控制。

（5）降低孕产妇中重度贫血患病率。

（6）提高妇女心理健康知识和精神疾病预防知识知晓率。

（7）保障妇女享有避孕节育知情选择权，减少非意愿妊娠，降低人工流产率。

（8）提高妇女经常参加体育锻炼的人数比例。

15.《中国妇女发展纲要》(2011—2020 年) 妇女与健康策略措施

（1）加大妇幼卫生工作力度。

（2）加强妇女健康相关科学技术研究。

（3）提高妇女生殖健康服务水平。

（4）保障孕产妇安全分娩。

（5）加大妇女常见病防治力度。

（6）预防和控制艾滋病、性病传播。

（7）提高妇女营养水平。

（8）保障妇女享有计划生育优质服务。

（9）提高妇女精神卫生服务水平。

（10）加强流动妇女卫生保健服务。

（11）引导和鼓励妇女参加经常性体育锻炼。

16.《中国儿童发展纲要》(2011—2020 年) 儿童与健康主要目标

（1）严重多发致残的出生缺陷发生率逐步下降，减少出生缺陷所致残疾。

（2）婴儿和 5 岁以下儿童病死率分别控制在 10‰和 13‰以下。降低流动人口中婴儿和 5 岁以下儿童病死率。

(3)减少儿童伤害所致死亡和残疾。18 岁以下儿童伤害病死率以 2010 年为基数下降 1/6。

(4)控制儿童常见疾病和艾滋病、梅毒、结核病、乙肝等重大传染性疾病。

(5)纳入国家免疫规划的疫苗接种率以乡(镇)为单位达到 95% 以上。

(6)新生儿破伤风发病率以县为单位降低到 1‰ 以下。

(7)低出生体重发生率控制在 4% 以下。

(8)0~6 个月婴儿纯母乳喂养率达到 50% 以上。

(9)5 岁以下儿童贫血患病率控制在 12% 以下,中小学生贫血患病率以 2010 年为基数下降 1/3。

(10)5 岁以下儿童生长迟缓率控制在 7% 以下,低体重率降低到 5% 以下。

(11)提高中小学生《国家学生体质健康标准》达标率。控制中小学生视力不良、龋齿、超重/肥胖、营养不良发生率。

(12)降低儿童心理行为问题发生率和儿童精神疾病患病率。

(13)提高适龄儿童性与生殖健康知识普及率。

(14)减少环境污染对儿童的伤害。

(15)发展 0~3 岁儿童的早期教育,加强儿童潜能开发。

17.《中国儿童发展纲要》(2011—2020 年)儿童与健康策略措施

(1)加大妇幼卫生经费投入。

(2)加强妇幼卫生服务体系建设

(3)加强儿童保健服务和管理。

(4)完善出生缺陷防治体系。

(5)加强儿童疾病防治。

(6)预防和控制儿童伤害。

(7)改善儿童营养状况。

(8)提高儿童身体素质。

(9)加强对儿童的健康指导和干预。

(10)构建儿童心理健康公共服务网络。

(11)加强儿童生殖健康服务。

(12)保障儿童食品、用品安全。

(13)加大环境保护和治理力度。

18.《××省妇女发展规划(2016—2020年)》妇女与健康主要目标

以湖南省为例：

《湖南省妇女发展规划(2016 – 2020 年)》湖南省妇女与健康主要目标

(1)妇女在整个生命周期享有良好的基本医疗卫生服务,妇女的人均预期寿命延长。

(2)孕产妇病死率控制在 18/100 000 以下。逐步缩小城乡区域差距,降低流动人口孕产妇病死率。

(3)妇女常见病定期筛查覆盖率城市达到90%以上,农村达到85%以上。提高宫颈癌和乳腺癌的早诊早治率,降低病死率。

(4)妇女艾滋病感染率和性病感染率得到较好控制。孕产妇艾滋病、梅毒和乙肝检测率分别达到90%以上,感染艾滋病、梅毒和乙肝的孕产妇及所生儿童采取预防母婴传播干预措施比例均达到90%以上。

(5)降低孕产妇中重度贫血患病率。

(6)提高妇女心理健康和精神疾病预防知识知晓率。

(7)保障妇女享有避孕节育知情选择权,减少非意愿妊娠,降低人工流产率。

(8)育龄妇女计划生育技术指导咨询服务覆盖率达到90%以上,计划生育手术并发症发生率控制在1‰以下。

(9)提高妇女经常参加体育锻炼的人数比例。

19.《××省妇女发展规划(2016—2020年)》妇女与健康策略措施

以湖南省为例：

《湖南省妇女发展规划(2016—2020 年)》中湖南省妇女与健康策略措施是：

（1）加大妇幼卫生工作力度。

（2）加强妇女健康相关科学技术研究。

（3）提高妇女生殖健康服务水平。

（4）保障孕产妇安全分娩。

（5）加大妇女常见病防治力度。

（6）预防和控制艾滋病、性病传播。

（7）提高妇女营养水平。

（8）保障妇女享有计划生育优质服务。

（9）提高妇女精神卫生服务水平。

（10）加强流动妇女卫生保健服务。

（11）引导和鼓励妇女参加经常性体育锻炼。

20.《××省儿童发展规划(2016—2020 年)》儿童与健康主要目标

以湖南省为例：

《湖南省儿童发展规划(2016—2020 年)》湖南省儿童与健康主要目标是：

(1)严重多发致残的出生缺陷发生率逐步下降，减少出生缺陷所致残疾。

(2)婴儿和 5 岁以下儿童病死率分别控制在 6.5‰和 9‰以下。降低流动人口中婴儿和 5 岁以下儿童病死率。

(3)减少儿童意外伤害所致死亡和残疾。降低 18 岁以下儿童意外伤害所致病死率、残疾率。

(4)防控儿童常见疾病和艾滋病、梅毒、结核病、乙肝等重大传染性疾病。

(5)纳入国家免疫规划的疫苗接种率以乡镇为单位达到 95%以上。

(6)新生儿破伤风发病率以县为单位控制在 1‰以下。

(7)低出生体重发生率控制在 4%以下。

(8)0~6 个月婴儿纯母乳喂养率达到 50%以上。

(9)5 岁以下儿童贫血患病率控制在 12% 以下，降低中小学生贫血患病率。

(10)5 岁以下儿童生长迟缓率控制在 7% 以下，低出生体重发生率降低到 5% 以下。

(11)提高中小学生身体素质。控制中小学生视力不良、龋齿、超重/肥胖、营养不良发生率。5 岁以下儿童肥胖发生率控制在 3% 以下。

(12)降低儿童心理行为问题发生率和儿童精神疾病患病率。

(13)提高适龄儿童性与生殖健康知识普及率。

(14)减少环境污染对儿童的伤害。

21.《××省儿童发展规划(2016—2020 年)》儿童与健康策略措施

以湖南省为例：

《湖南省儿童发展规划(2016—2020 年)》中湖南省儿童与健康策略措施：

(1)加大妇幼卫生经费投入。

(2)加强妇幼卫生服务体系建设。

(3)加强儿童保健服务和管理。

(4)完善出生缺陷防治体系。

(5)加强儿童疾病防治及相关科学技术研究。措施比例均达到90%以上。

(6)预防和控制儿童意外伤害。

(7)改善儿童营养状况。

(8)提高儿童身体素质。

(9)加强对儿童的健康指导和干预。

(10)构建儿童心理健康公共服务网络。

(11)加强儿童生殖健康服务。

(12)保障儿童食品、用品安全。

(13)加大环境保护和治理力度。

22.艾滋病母婴传播消除认证指标

一、效果指标：

（1）新发感染≤50例/100 000万活产。

（2）非母乳喂养人群：艾滋病母婴传播率＜2%；或母乳喂养人群：艾滋病母婴传播率＜5%。

二、过程指标：

（1）产前检查覆盖率（至少1次）≥95%。

（2）孕产妇艾滋病检测覆盖率≥95%。

（3）艾滋病感染孕产妇抗逆转病毒治疗率≥95%。

23.出生缺陷防控方面

以湖南省为例：

湖南省出台了《湖南省出生缺陷防治办法》

（1）颁布时间：2015年11月19日

（2）实施日期：2016年1月1日

（3）妇幼保健机构关于办法实施的主要职能：根据卫生计生行政部门的委托，负责出生缺陷防治的技术指导、监测分析和健康教育等工作。

第四章　医院管理

1. 医院文化

院　徽：×××

院　训：×××

宗　旨：×××

愿　景：×××

目　标：×××

2. 医院功能与任务

妇幼保健院是由政府举办、不以营利为目的、具有公共卫生性质的公益性事业单位。公共卫生责任，院长为第一责任人，院长及业务院长熟悉公共卫生政策。

3. ××妇幼保健院×××年工作任务和目标

例如：

(1)推进本院"十三五"规划目标建设与完成。

（2）巩固和提高《两纲》妇幼健康各项指标，完成妇幼健康重点工作。

（3）完善学科体系建设，打造优势学科和发展特色专科，在做好现有重点专科建设项目的基础上，积极申报并争创新的重点专科项目、重点学科及重点实验室，不断提高妇幼健康服务能力。

（4）强化人才培养体系建设，多渠道开展人才培养。

（5）加快推进信息化建设，优化医院信息化系统改造，积极探索数字妇幼建设。

（6）完成三级甲等妇幼保健院复核评审工作。

（7）规范管理，不断提高医院管理水平和管理效率。

（8）加强党风行风建设，全面营造医院风清气正的政治生态环境。

4."十三五"规划主要任务与举措

例如：

（1）强化健康保健能力建设：①加强横向联合，提高保健服务能力；②切实履行职能，做好各项业务指导、服务与管理。

（2）增强医疗服务能力建设：①提升妇产科危急重症救治能力水平；②以加强质量管理为重点，确保服务对象安全；③以服务对象满意为目标，提高医疗服务水平。

（3）推动学科建设与科技创新：①加强学科建设；②构建科研平台；③开展科研项目；④推进住院医师规范化培训工作。

（4）促进人才队伍建设：①加大高层次卫生人才引进力度；②推进急需紧缺专门人才队伍建设；③统筹推进各类卫生人才队伍建设。

（5）推进医院信息化建设：①推行网络数字医疗；②建立异地双活数据中心，支撑全省保健业务开展；③完善电子健康档案，推进就诊全程无纸化。

（6）持续推进对口支援工作：①开展妇幼健康工程项目；②加大对市州、县妇幼保健机构对口支援的力度。

（7）创新医院管理：①创新绩效管理考核制度；②优化财务管控机制。

（8）广泛开展对外交流与合作：①实现与××大学的全面战略合作；②努

力拓展国际合作项目。

（9）丰富医院文化建设。

5. 医院床位及人员

医院编制床位××张，开放××张，妇产科、儿科床位数××张，特需服务床位数××张，在职员工××人（201×.×.×止）。

6. 医院科室和专业设置

医院年门诊量×万余人次，年出院服务对象×万人次，年分娩量近×万人次；设立了孕产保健部、妇女保健部、儿童保健部和计划生育技术服务部四大业务部。

7."三重一大"制度

"三重一大"制度指的是医院重大决策、重要干部任免、重要项目投资、大额资金使用等事项须经医院领导班子集体讨论，并按管理权限和规定程序报批、执行。

近三年的"三重一大"事件，例如医院的三甲复核工作、中层干部竞聘、基建项目、医院绩效方案等。

8. 行政总值班制度

医院行政总值班负责非办公时间（周末、节假日、午间、夜间）的党政、临床、突发、重大事件及上级指示和紧急通知的处理与传达等，同时对重大紧要情况应及时上报听班院领导。电话为_____。

9. 院务公开

什么是院务公开

医院将"三重一大"等重要院务信息向全院员工公开，是发动全院形成共同意志、不断推动医院健康持续发展、建立有效监督机制的一种民主管理制度。

院务公开的类别和内容

院务公开分为向社会和患者公开、向内部职工公开两类。

向社会公开的内容：机构资质信息、医疗保健质量、医疗保健服务价格和收费信息、便民服务、集中采购招标、行业作风建设情况等。

向内部职工公开的内容：医院"三重一大"决策事项、运营管理、人事管理、领导班子和党风廉政建设情况等的相关信息。

院务公开的途径

对外：医院网站、院报、有关主管部门、电子屏幕、电子触摸屏、社会监督员会议等。

对内：医院内网、院报、有关主管部门、职代会、院务会、院周会、保健临床科主任例会、护士长例会、医院网站、院内信息公开栏、各种宣传栏、医院文件、电子大屏幕、电子滚动播放屏、新闻媒体报道、老干部座谈会、院内各界人士座谈会、院领导接待日制度、院长信箱等。

10.院领导接待日制度

(1)每周_x_上午08：00－12：00为院领导接待日，由值班院领导在其办公室接待来访者。

(2)接待内容：听取来访者意见、建议；接受来访者咨询；受理来访者投诉；了解各部门、科室的工作情况，协调有关工作。

(3)来访意见的处理办法：对群众来访反映的问题，能够当场解决的立即处理并给予答复；不能现场处理、需要集体研究后解决的先做好解释工作，研究后及时答复。属于职能部门处理的问题，批转或责成有关部门并处理答复。原则上应于五个工作日有答复。

(4)院办公室每月负责做好院领导接待日的落实。

11. 新闻发言人制度

（1）遵循原则。

维护医院的工作大局，促进社会稳定和医院发展。对外发布新闻须具有新闻价值，体现权威性、指导性、公开性、时效性。新闻发布的内容要准确、及时、公正、严肃。

（2）新闻发言人。

首席新闻发言人为医院主要领导，例行新闻发言人为分管宣传工作的院领导。相关业务工作分管院领导及部门、科室主要负责人，承担信息发布和政策解读的首要责任，按照新闻宣传工作要求完成新闻发布工作任务。

（3）新闻发言人职责。

①根据医院授权，负责主持或参加医院有关的新闻发布会。

②负责组织管理本院的新闻发布工作。当发生突发事件时，新闻发言人应在事发后2个小时内，对如何进行新闻发布工作提出建议。负责核实突发事件的真实情况，及时组织起草新闻发布稿，报医院党委、院委会审批。

③负责组织突发事件发生地现场的新闻报道工作。未经医院党委授权或同意，其他任何人不得向新闻媒体公布有关事件的情况。

（4）新闻应急。

①新闻应急主要是指处置发生在本院已造成或可能造成严重社会危害，需要采取应急宣传处置措施予以回应和引导的公共卫生事件、医疗安全事件，以及可能或已经引发公众关注的负面新闻事件等。

②组建突发事件新闻宣传组，指定相关业务分管院领导为新闻宣传组长，相关科室派员参加，负责新闻应急工作。

12. 职代会相关知识

（1）组织原则：民主集中制。

（2）职代会：由大会主席团主持，工会办公室组织，职工代表、工会会员代表参加，每年召开1～2次。主要讨论、研究、决定医院建设与发展的重大决策、涉及职工切身利益的重大事项等。

（3）职代会内容：

①每年第一次职代会的固定内容：

例如：医院工作报告；财务预决算报告；设备购置计划；基建报告；集体合同和女职工专项集体合同的签订。

②第 ×届 ×次职代会（201 ×.×.×）：

③第 ×届第 ×次职代会（201 ×.×.）：

④第 ×届第 ×次职代会（201 ×.×.）：

例如：201 ×年医院工作报告及 201 ×年工作计划；愿景、宗旨、目标、员工行为规范的审定。

13. 医院管理部门组织架构图（以某省级妇幼保健院为例）

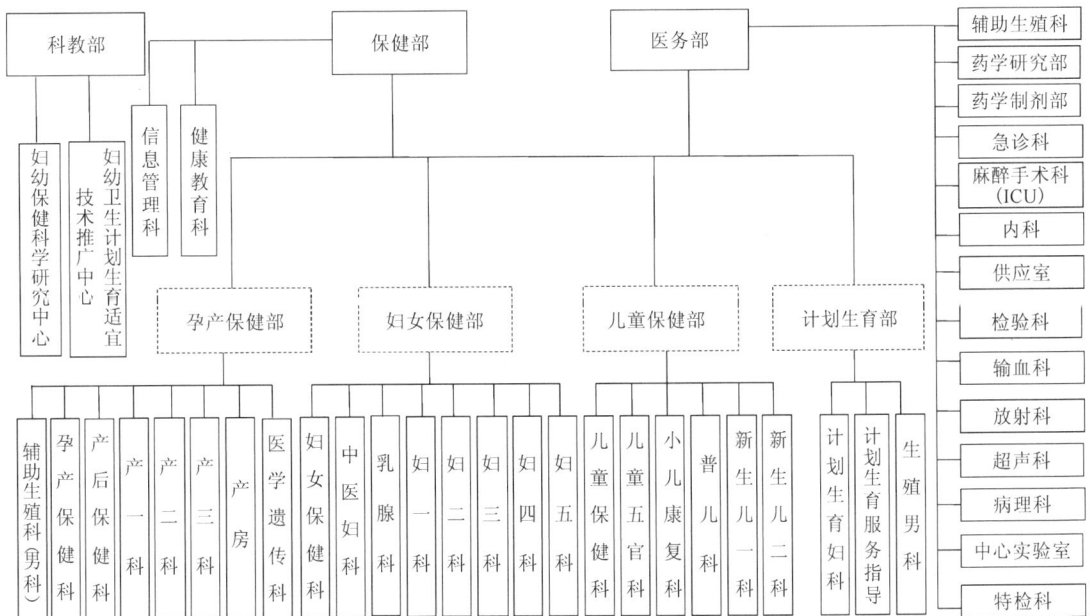

14. 医院管理部门组织架构图（以某省级妇幼保健院为例）

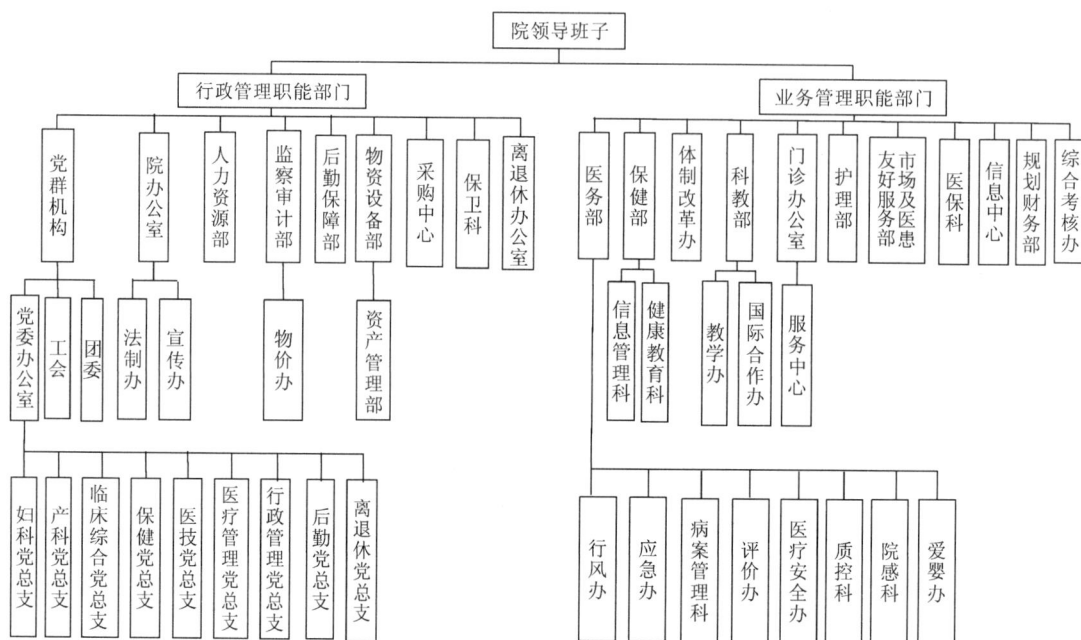

15. 四大业务部

以服务对象为中心整合科室设置，按孕产保健部、儿童保健科、妇女保健部、计划生育技术服务部设置。需要掌握内容：

（1）辖区基本情况

例：

湖南省基本情况：14 个市州、122 个县区、137 个妇幼健康服务机构；全省人口数为 6783 万（2015 年）。

（2）主要生命指标

孕产妇病死率：201_×_年_×_/10 万；死因顺位：_____。5 岁以下儿童病死率：201_×_年_×__×_‰；死因顺位：_____。

（3）法律法规

《中华人民共和国母婴保健法》（主席令第 33 号）《中华人民共和国母婴保健法实施办法》（国务院令第 308 号）《医疗机构管理条例》（国务院令第 149

号)《中国儿童发展纲要(2011—2020 年)》《中国妇女发展纲要(2011—2020 年)》。

《妇幼健康服务机构标准化建设与规范化管理的指导意见》(国卫妇幼发〔2015〕54 号)《各级妇幼健康服务机构业务部门设置指南》(国卫办妇幼发〔2015〕59 号)。

(4)运行培训和例会

定期召开四大业务部内的工作例会、质量分析会、业务培训会。

业务查房： 保健部、医务部共同组织定期开展保健和临床相结合业务查房，针对问题持续改进。

工作简讯： 定期发布保健质量简讯。

转介与基础登记： 建立起了四大业务部内的服务对象的转介工作流程、管理制度、基础登记，通过对服务对象提供主动、连续、动态、系统的保健服务，实现了保健和临床的工作融合。

完成上级任务： 参加由省卫生健康委员会(简称省卫健委)妇幼处组织各项管理、项目、业务等工作。

(5)明确职能任务

协助卫生计生行政部门制定规划、规范、方案；基层指导与考核；辖区健康指标落实、健康危险防控；重点人群的筛查与管理；医疗保健质量与安全；科研与教学与人才队伍培养；实行保健与临床科室人员轮岗安排、工作管理。

(6)抓住重点

重点质量指标、主要工作进度、存在的主要问题及解决措施。

附：四大业务部组织架构图(以某省级妇幼保健院为例)

省妇幼保健院

- 孕产保健部
  - 医学遗传科
  - 孕产保健科
  - 产后康复科
  - 大产科
    - 产一科
    - 产二科
    - 产三科
    - 产房
- 儿童保健部
  - 中医儿科（儿童康复科）
  - 儿童保健科
  - 儿童五官科
  - 大儿科
    - 新生儿一科
    - 新生儿二科
    - 普儿科
- 妇女保健部
  - 妇女保健科
  - 乳腺科（乳腺保健科）
  - 中医妇科
  - 大妇科
    - 妇一科（盆底专科）
    - 妇二科（不孕不育内分泌专科）
    - 妇三科（妇科肿瘤与宫颈病变专科）
    - 妇四科（计划生育专科）
    - 妇五科（宫内疾病介入）
- 计划保健部
  - 生殖男科（生殖中心）
  - 计划生育服务指导科
  - 计划生育妇科（妇四科计划生育咨询指导科）

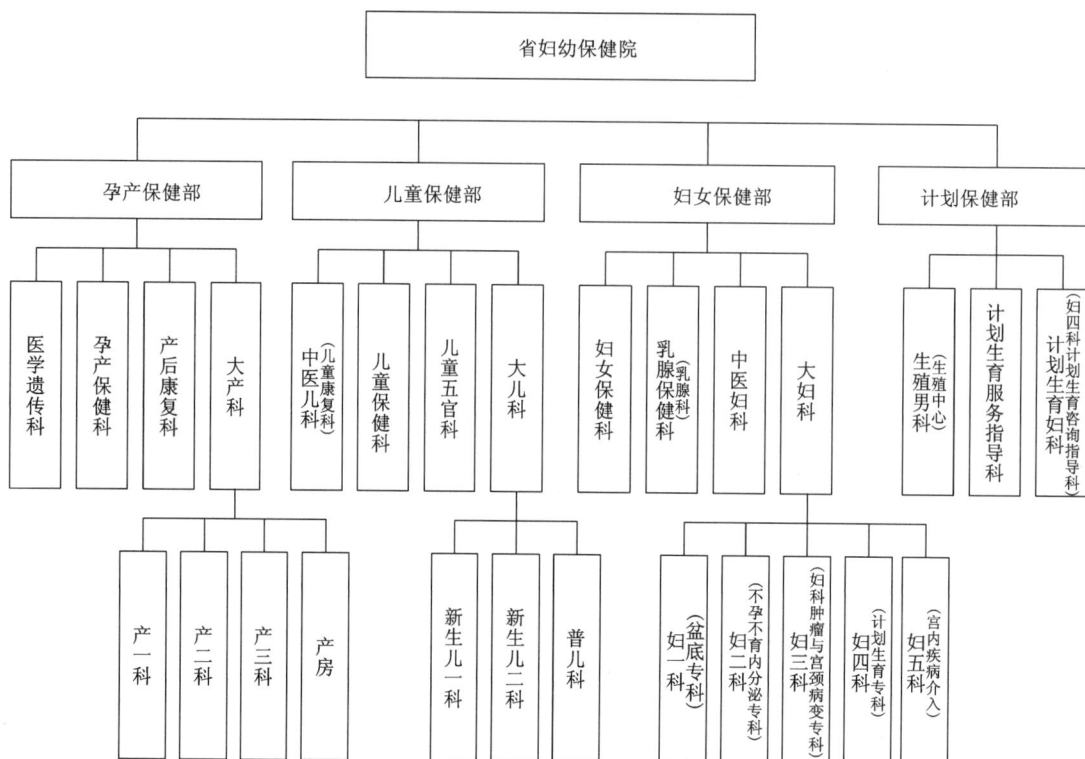

16. 三级预防理念

以一级、二级预防为重点的三级预防。

一级预防：病因预防或初级预防，防发生。

二级预防："三早"预防，即早发现、早诊断、早治疗，防发展。

三级预防：主要为对症治疗，防残疾。

17. 全生命周期

为妇女儿童提供从出生到老年，内容涵盖生理、心理的主动、连续、系统的服务与管理。

18. 医德医风

各级各类医务人员和窗口服务人员要知晓本部门、本岗位医德医风要求。

20. 医院绩效分配原则

以某省级妇幼保健院为例：

(1) 严格执行"九不准"要求，医院及科室二级分配方案中不下达任何经济任务指标，医务人员个人薪酬不与药品、耗材、医学检查等业务收入直接挂钩。绩效分配中无药品处方、材料、医学检查等医疗服务的开单提成。

(2) 以工作量核算和医疗质量控制为重点，坚持按劳分配、多劳多得、绩效优先、兼顾公平的原则。

(3) 医院绩效内容主要包括工作量绩效、医疗服务质量与安全绩效、支出节约绩效和其他绩效。

(4) 四大业务部绩效模式：以大业务部为主导，每个专科为主体。由业务主管部门对各大业务部进行考核，大业务部主任根据大业务部内各专科的工作任务完成情况对各专科进行综合考核。各专科作为绩效核算的基本单元，由各专科主任负责本专科的绩效二级分配。

21. 国家卫生健康委员会医务人员"九不准"

(1) 不准将医疗卫生人员个人收入与药品和医学检查收入挂钩。

(2) 不准开单提成。

(3) 不准违规收费。

(4) 不准违规接受社会捐赠资助。

(5) 不准参与推销活动和违规发布医疗广告。

(6) 不准为商业目的统方。

(7) 不准违规私自采购使用医药产品。

(8) 不准收受回扣。

(9) 不准收受患者"红包"。

22. 医院开展的党风廉政建设工作

以某省级妇幼保健院为例：

（1）廉政风险防控工作。

（2）与各党支部、部门、科室签订廉政建设责任书。

（3）"小金库"专项治理工作。

（4）着力解决发生在医药购销和医疗服务中的腐败问题。

（5）关于卫生系统领导干部防止利益冲突的工作。

（6）医院廉洁行医和廉洁自律规定。

23. 科研项目申报条件

以某省级妇幼保健院为例：

（1）院级以上科研项目按上级部门要求申报。

（2）院内科研项目申报条件及要求。

①研究目的明确，立题依据充分、有科学、先进、切实可行的研究方法和技术路线、应用性强的项目。

②准备申报上级部门立项，已开始做部分研究的项目。

③第一申请者申报项目（包括在研项目）不得超过两项。

④具体要求见每年申报指南。

24. 院级科研项目立项审批

以某省级妇幼保健院为例：

申请者填写《科研基金课题申请书》并上交科教部，医院学术委员会负责申报项目的立项评审。评审程序分为初审、返修、复审三个阶段，复审通过方可立项，必要时进行答辩，然后医院下发立项文件，科研项目正式开始实施。

25. 临床科研项目使用医疗技术管理制度

（1）遵循原则：符合伦理；受试者知情同意；受试者自愿参加，有权随时退出；资料严格保密。

（2）医疗技术分类：第一类是能确保安全性、有效性的技术；第二类是涉及伦理问题或者风险较高，需要上级卫生行政部门控制管理的医疗技术；第三类是卫生行政部门要严格控制管理的涉及重大伦理问题或高风险或安全性及有效性需经规范的临床试验研究进一步验证或需要使用稀缺资源或需要特殊管理的医疗技术。

（3）申请与审批：医务部审核（对未开展的第二类、第三类医疗技术在临床应用前提交伦理审查）→提交院学术委员会审议→向主管行政部门提出申请，审核通过后→通知准入开展。

（4）注意事项：必须符合诊疗技术规范，不准应用不成熟的技术。各种有创的操作技术项目在单独操作前必须经过培训，科室质量与安全管理小组考核批准。手术、麻醉、介入等高风险技术必须要有授权。

（5）临床科研项目中医疗技术应用的管理。

①开展前，进行术前讨论，严格控制适应证、禁忌证以及其他替代疗法实施的可行性。做好充分的术前准备，包括医患沟通、患者的知情同意、术前病情评估、术中术后可能出现的意外及防范措施等。

②开展过程中，凡发生医疗技术损害的，操作人要立即报告科主任，在积极迅速进行补救的同时须上报医务部，如需要，医务部组织相关科室力量进行全力补救，将损害降到最低程度。

③已开展的医疗技术，当技术力量、设备和设施发生改变，可能会影响到质量安全，经医疗质量与安全管理委员会讨论后，医院下达终止此项技术开展的指令，有关科室必须服从，不得违反。

④有违反《执业医师法》《医疗机构管理条例》《医疗事故处理条例》和《人体器官移植条例》等法律、法规行为的，按照有关法律、法规处罚。

⑤科教部负责对科研项目开展实行全程监督与管理。

⑥科研项目结束后，完成总结报告，并上报科教部、医务部备案。

26. 单病种管理制度

（1）严格掌握单病种收治指征，不能拒收。对于农村重大疾病救治病种、办理审批、核对《××省新农合重大疾病救治审批转诊表》签字确认盖章。医保农合窗口审批后标识"重大疾病"。

（2）严格执行单病种标准，各项检查、治疗、用药不能超出单病种范围，控制好单病种费用包干标准，超标费用由科室承担。

（3）需手术治疗病例，主管医生应在手术通知单上注明"单病种"，麻醉手术科按照包干费用标准合理控制费用。

（4）宣传单病种包干政策，未按要求完成单病种的科室按照目标考核办法处理。

27. 医疗纠纷预警机制

医院三级预警制度：

三级预警：医护工作中不存在过错和缺陷，但服务对象及亲属对医院工作不理解或不满者，医疗纠纷隐患严重程度较轻，有演变成纠纷的可能，预计经科内解释协调，问题可以解决。科室主任、护士长自行协调处理并通报科室成员引起注意。

二级预警：医护工作中存在一定缺陷，服务对象及亲属有不满表现，演变成纠纷可能性大或一旦演变成纠纷处理难度较大的情况，护士长及科主任接到报告应在 12 小时内上报。

一级预警：医护工作存在明显过失或缺陷并导致服务对象出现较严重后果，包括《医疗事故处理条例》中所有四级事故内容的情况，科主任和护士长应立即上报相关主管部门（节假日或休息时间上报总值班室）。

以上一级、二级预警，科室均须填写《医患纠纷预警报告表》。

28. 医疗纠纷处理制度

（1）医疗安全办能当场解决的给予协调沟通解决，不能当场解决的收到书面材料后告知患者一方，院方将于 7 个工作日内给出答复意见。

（2）将患者一方提交的材料交给当事科室，要求当事科室进行科内认真分析讨论，3 个工作日内以书面形式报至医疗安全办。

（3）核实调查，做好协调工作。

（4）医疗安全办结合患者一方提交的材料、调查的情况和当事科室提交的诊疗经过的情况说明,提出初步协调方案,向院领导汇报。

(5)做好与患者一方协调、沟通,将调查意见反馈给患者一方。

(6)在处理纠纷的同时,相关科室应做好随时进入诉讼程序的应诉准备工作。

29. 医患纠纷投诉部门、电话及邮箱

按各医院常年设置的电话号及联络方式。

30. 医院审计监督的"三重一大"

(一)重大事项的决定

(1)传达上级各部门重要文件、重要会议精神和重大工作部署,研究决定在医院的贯彻执行意见。

(2)研究决定医院改革和发展的指导方针和重大决策、发展规划及年度工作计划。

(3)研究、决定医院人才引进、工作人员招聘及专业技术人员聘任等有关事项。

(4)研究其他需由院领导班子集体做出决定的重大事项。

(二)重要干部任免

(1)讨论制定医院干部的选拔、培养、考核、任免、监督和奖惩等方面的规划和制度。

(2)按照规定的干部管理权限和程序,推荐、提名、考核、任免、聘用干部。

(3)临床、保健、医技、行政后勤中层以上后备干部人选的确定。

(4)外单位调入人员的接受、安置。

(三)重大项目安排

(1)医院基本建设、大型基建维修项目。

(2)大型科研立项、课题的申报。

(3)有关单位职工福利发放、奖金分配的方案。

（4）20 万元以上（含 20 万元）物资和设备的合同洽谈、招标采购。

（5）不动产的购置。

（四）大额资金的使用

（1）年度财务预决算。

（2）单项支出在 10 万元以上（含 10 万元）的资金款项的支出。

（3）大单采购和未列入年度财务预算和预算内使用金额较大的支出项目。

（4）固定资产处置及债权债务的清算。

（5）审计工作事项。

31. 医疗垃圾分类

医疗垃圾分为：感染性、病理性、化学性、损伤性、药物性垃圾。

32. 盛装的医疗废物封口规定

盛装量达到包装物或者容器的 3/4 时，应当使用有效的封口方式，使包装物或者容器的封口紧实、严密。

33. 不属于医疗废物的常见物品

一次性医疗用品（如输液器、注射器和输液袋等）的外包装，使用后的输液瓶，未被服务对象的血液、体液、排泄物污染时，均不属于医疗废物，但此类废物回收利用时不能用于原用途，用于其他用途时应符合不危害人体健康的原则。废弃的紫外线灯管不是医疗废物，可按普通垃圾进行处理。

34. 医疗废物管理制度

（1）工作人员每年接受培训。

（2）损伤性废物放入黄色利器盒内，防刺破，防渗漏。利器盒运送处理时必须封闭，利器盒内容物应连同利器盒一起焚烧处理。禁止各种形式重复使用利器盒。其他废弃物须分类放置在有盖、防渗漏、防穿透的容器内，内衬不同颜色包装袋。袋外贴明显的警示标识和警示说明。容器外表面被污染时，增加一层黄色医疗废物包装袋封装。

（3）废弃物不超过包装袋或容器的 3/4(75%) 时，不得取出，不得手压。

（4）周围环境应保持清洁。

（5）感染性、药物性废物放在黄色医疗废物包装袋的加盖容器中。

（6）输血后的血袋送血库冰箱保存 24 小时后，按感染性废物处置。

（7）病理性废物化学消毒处理后用黄色袋装、扎口后，按感染性废物处置。

（8）病原体的培养基、标本和菌种、毒种保存液等高危险废物，首先由所在科室进行压力蒸汽灭菌或者化学消毒处理，然后按感染性废物收集处理。

（9）传染病患者或者疑似传染病患者产生的医疗废物和生活废弃物应当使用双层黄色医疗废物包装袋密闭，并在医疗废物包装袋和转运箱外粘贴隔离标志。排泄物严格消毒，达到排放标准后方可排入污水处理系统。

（10）配制后及使用后的化疗药物废弃物（包括注射器、输液器、针头、手套等相关物品），应放置于黄色防渗漏容器内封闭。少量的药物性废物可以混入感染性废物，但应在标签上注明。

（11）化学性废物放入衬有黄色医疗废物专用包装袋的加盖容器中。化学性废物中批量的废化学试剂、废消毒剂和批量的含有汞的体温计、血压计等报废时应交物资设备科，由专门机构处置。

（12）废弃的麻醉、精神、放射性、毒性等药品及其相关的废物，应按有关法律、行政法规和国家有关规定、标准执行。

（13）转运：回收员与科室、储存间管理员按《医疗废物交接登记表》的内容进行交接，并签字。

（14）运送时应用密闭、防渗漏、防遗撒、无锐利边角、易于装卸和清洁的专用容器和专用的运送车。并有明显的警示标识。

（15）运送时应选择专用污梯、路程最短的路线，线路相对固定，中途不应停留和离开医疗废物。

（16）运送工作结束后，对运送工具及时进行清洁和消毒并固定地点存放。运送工具须清洁，并用 500 mg/L 含氯消毒液消毒 10 分钟，被传染病患者废弃物污染时用 2 000 mg/L 含氯消毒液消毒 30 分钟。

（17）污梯每天清洁消毒一次，有记录。如果发生液体废弃物洒落电梯表面时立即用 500 mg/L 含氯消毒液擦拭消毒 10 分钟，被传染病患者废弃物污染时用 2 000 mg/L 含氯消毒液擦拭，消毒 30 分钟。污梯专用于污染物品的运送，禁止使用污梯运送清洁物品，工作人员不可乘坐。

（18）回收员须在脱去外层污染手套后，方可开门、关门、触摸门把手或电梯按钮。

（19）运输途中应防止造成包装袋或容器破损以及医疗废物流失、泄漏和扩散。一旦发生按医院《医疗废物流失、泄露、扩散和意外事故应急预案》处理。

（20）执行医疗废物处理的工作人员应穿工作服、戴长橡胶手套、穿长筒胶靴、戴口罩、帽子。医疗废物处理完成后立即按七步洗手法清洗双手。工作中如不慎被利器刺伤，按《血源性病原体职业接触防护规程》进行处理。

（21）任何部门和个人不得转让和买卖医疗废物。一旦发现将按有关法规给予严肃处理。

（22）暂时储存间：由物业公司专职人员负责，加锁管理，严禁闲杂人入库，严禁堆放与医疗垃圾无关的杂物。

（23）储存间设有明显的医疗废物警示标识和"禁止吸烟、饮食"的警示标识。做好防鼠、防蚊蝇、防蟑螂、防盗等安全措施。

（24）储存间应能防止渗漏和雨水冲刷。便于清洁和消毒。避免阳光直射。

（25）保持卫生，每日清洁与消毒，消毒用 500 mg/L 含氯消毒液。

（26）医疗废物应放入黄色专用周转箱内储存，周转箱必须叠放整齐。

（27）交接并登记。暂时储存的时间不得超过 2 天。移交登记资料至少保存 3 年，不得转让和买卖医疗废物。

（28）医疗废物按要求交由符合资质的处置公司处理。出库时必须核对处置公司人员的胸牌、车辆等，并索取盖有处置公司公章的"危险废物转移联单"。各项交接资料保存期限至少为 3 年。

（29）应急处理。当医疗废物流失、泄漏、扩散和意外事故时，发现人应报告后勤保障部主任和院感科主任（下班时间及节假日报告医院总值班，电话：_____），并按照以下要求及时处理：

①在受污染区域设立隔离区，禁止通行（尽可能减少对服务对象、医务人员、其他现场人员及环境的影响，以防扩大污染）。

②确定流失、泄漏、散落的医疗废物的类别、数量、发生时间、影响范围及严重程度。

③对溢出、散落的医疗废物迅速进行收集、清理和消毒处理；对液体溢出物采用吸附材料吸收处理；对污染的地面须进行消毒和清洁。

④对感染性废物污染区域进行消毒时，消毒工作从污染最轻区域到污染最严重区域进行；对所有可能被污染的工具也应进行消毒。

⑤清理工作时须穿戴防护服、手套、口罩、套靴等防护用品；清理工作结束后用具和防护用品（一次性用品除外）均须消毒处理。

⑥如在清理工作时不慎发生职业暴露（锐器伤或被医疗废物污染等），按《医务人员职业卫生防护规程》进行处理，并填报《医务人员（血液、体液）职业暴露登记表》。

⑦处理工作结束后，应对事件的起因进行调查，并采取有效的防范措施预防类似事件的发生。调查内容包括：

a. 事件发生的时间、地点、原因及其简要经过。

b. 泄漏、散落的医疗废物的类别、数量、医疗废物产生的科室/部门

c. 评估已造成的危害和潜在影响。

e. 已采取的措施和处理结果。

35. 污水监测制度

（1）标准：未经消毒或无害化处理的污水不能任意排放。

（2）医院污水监测应符合下列要求：

①余氯：连续式消毒，每日至少检测 2 次；间隙式消毒每次排放之前监测。

②粪大肠菌群数：每 1 个月至少监测 1 次。

（3）排放的污水总余氯：采用比色法测定。

（4）当采用次氯酸钠（NaclO$_2$）液消毒时，综合病房及含肠道致病菌污水接触时间至少不小于 1 小时。接触池出水中的余氯在 4 ~ 6 mg/L。

（5）医院污水经处理和消毒后应达到下列标准：

①不得检出肠道致病菌和结核杆菌。

②粪大肠菌群每升不得大于 900 个。

（6）监控检查：医院每月一次对污水进行粪大肠菌群及总余氯的监测，并委托疾控中心每年 1 ~ 2 次对污水进行粪大肠菌群及总余氯的监测。

36. 产妇分娩后胎盘处理

胎盘归产妇所有；放弃或者捐献的，由医疗机构处置；任何单位和个人不得买卖胎盘。如果可能造成传染病传播的，及时告知产妇，按照规定进行消毒处理，并按照医疗废物进行处置。

37. 医疗器械不良事件

医疗器械不良事件是指获准上市的、合格的医疗器械在正常使用情况下发生的导致或可能导致人体伤害的任何与医疗器械预期效果无关的有害事件。上报物资设备部电话：＿＿＿＿＿＿＿＿＿。

38. 突发停水的处理

发现突发停水，先打后勤保障部电话：＿＿＿＿＿＿；内部故障停水，派人立即抢修；外部停水，后勤保障部致电自来水公司查询停水情况，在院内办公网发布信息，告知何时恢复；停水区域立即关好水龙头；后勤保障部详细记录。

39. 突发停电的处理

出现突发停电，在确认呼吸机等生命保障设备已切换到备用电源后，向后勤保障部报修。联系电话：_____。

停电时间在 30 分钟内，后勤保障部立即启动大功率发电机，按照第一序列：新生儿科、手术室、ICU、产房、电梯、制氧中心；第二序列：检验科、供应室、输血科、信息中心、急诊科进行供电。

单线停电，计划性停电（停电时间 5~15 分钟）：后勤保障部在 OA、微信群发布提示，全院做好停电准备；配电值班室立即进行倒闸操作，启动另一条输电线路，ICU、麻醉手术科、信息中心有 UPS 电源，新生儿科呼吸机有电池供电，制氧中心有 24 小时储量不间断供氧；照明会受影响，负压机房停运（需要相关科室做好准备）。院办通知职能部门做好停电期间的秩序维护工作。

双电源停电，后勤保障部通知应急办、院办公室、医务部、保卫科配合（特别告知物资设备部准备瓶装氧提供给新生儿科、手术室等重点部位），在医院 OA 网上发布通知；做好应变、贮备工作，保证至少有 48 小时的发电油料供应。

40. 突发停氧的处理

紧急停氧时，ICU、心外监护室等重点科室关闭病区氧气阀门后开启应急局域网系统开关、普通病房启用氧气瓶，然后通知应急办，电话：_____。

41. 消防安全"四个能力建设"内容

（1）检查消除火灾隐患能力。
（2）组织扑救初起火灾能力。
（3）组织人员疏散逃生能力。
（4）消防知识宣传教育培训能力。

42. 消防安全"三懂"内容

（1）懂基本消防常识。
（2）懂消防设施器材使用方法。
（3）懂逃生自救技能。

43. 消防安全"三会"内容

（1）会查改火灾隐患。

（2）会扑救初起火灾。

（3）会组织人员疏散。

44. 科室防火巡查要点

（1）用火、用电是否有违章情况。

（2）安全出口、疏散通道是否畅通。

（3）安全疏散指示标志，应急照明是否完好。

（4）消防设施、器材和消防安全标志是否安装到位。

（5）常闭式防火门是否处于常闭式状态。

（6）防火卷帘下是否堆积物品而影响使用。

（7）消防安全重点部位人员在岗情况是否良好。

45. 火灾扑救应急预案

（一）火灾扑救指挥部：常设保卫科消防监控中心；电话：_____。

（1）火灾扑救组：常设保卫科；组长：保卫科科长；成员：保安应急小分队；电话：____。

（2）人员疏散组：常设护理部；电话：____；组长：护理部主任；副组长：党办主任、各党总支书记。

（3）秩序维护组：常设工会；组长：工会副主席；副组长：保卫科、监审部、物资设备部主任。

（4）道路开通组：常设后勤保障部；电话：_____；组长：后勤保障部主任。

（5）动力保障组：常设后勤保障部；电话：_____；组长：后勤保障部主任。

（6）通信联络组：常设院办公室；电话：_____；组长：院办公室主

任；副组长：信息中心主任。

（7）**伤员抢救组**：常设医务部；电话：＿＿＿＿＿＿；组长：主管临床院长；副组长：医务部长、护理部主任、急诊科主任、麻醉科主任。

（二）报告处理

报警：院内火警电话：＿＿＿＿＿＿；火势较猛无法控制时拨打院外电话（119）；指挥部接到火灾报告后，立即启动火灾扑救应急预案，并视情况向上级主管部门报告。

灭火：面对初期火灾，要利用就近的灭火器灭火，关闭电源、气源总闸，必要时关上门窗、防火门或防火卷帘门防止火势蔓延。火势较猛无法控制时要尽快撤离。

疏散：组织服务对象、亲属及所有人员及时离开火灾现场。根据病情，以抬、背、抱的方式疏散服务对象。选择就近的安全出口逃生。

禁止：严禁使用电梯、电源。

（三）全院各部门职责（扑救阶段）

适用于火势凶猛，面积较大，本院组织自救无效时，指挥部应做好以下工作：

（1）道路开通组：打开火场附近的院区大门，开通院区行驶道路，给消防车和消防员带路，使其迅速投入"战斗"。

（2）动力保障组：打开火场附近的楼外地下消火栓井盖和楼内墙壁消火栓，给消防队员带路，协助迅速接通水源。

（3） 其他人员继续坚持扑救，控制火势，延缓火势蔓延。

（4） 消防队到达后，重新成立总指挥部。总指挥由公安消防人员现场指挥担任，本院总指挥为成员，应主动向总指挥部汇报火灾发生部位、燃烧物燃烧程度及扑救过程，介绍救火线路；听从指挥，做好配合，齐心协力扑灭火灾。

46. 爱国卫生委员会

爱国卫生委员会设立于后勤保障部

47. 无烟医院

××年创建，××年被评为×级无烟医疗卫生单位。

47. 医院的便民措施

设置门急诊便民服务（以某省级妇幼保健院为例）。

（1）设门急诊布局图，标识规范、准确、醒目。

（2）开展诊间预约、微信预约、自助机预约、现场预约等多种途径、多种形式的预约挂号服务。

（3）门诊大厅设置一站式服务台，提供咨询、分诊、疾病诊断证明盖章、健康宣教等一站式服务。开展"三免费"便民服务，即市内电话免费打、轮椅/平车免费借、免费提供一次性杯子。

（4）设置志愿者工作站。免费为服务对象提供一次性水杯、健康教育宣传折页、应急电话、纸、笔、针线盒、轮椅、雨伞，手机加油站免费充电，失物招领等。

（5）门急诊设导诊工作人员，实行导诊服务。

（6）各候诊区放置有健康资料架，微信公众号有健康教育科普资料。

（7）门诊检验结果除自助机自助打印外，还可"掌上妇幼"查询。

（8）急诊设立急救绿色通道，实行24小时急诊，危重服务对象先抢救后续费。

（9）医院设立24小时咨询电话。

（10）对老、弱、残患者实行陪检陪送制度，方便特殊患者就诊。

（11）××楼设有哺乳室，房间内设有婴儿打包台，为母婴提供温馨的空间。

（12）设有残疾人卫生间，以满足特殊人群的需求。

（13）Wi-Fi覆盖全院，方便服务对象获取信息。

（14）微支付，免除门急诊服务对象亲属来回奔波及排队之苦。

49.医院人性化服务举措(以某省级妇幼保健院为例)

(1)提供陪同检查、医疗咨询、订餐送餐、设施维护等服务。

(2)简化护理文书的书写,把时间还给服务对象;开展心理护理。

(3)为住院服务对象提供微波炉热饭菜服务。

(4)根据服务对象服务需求及护理工作量情况,实行弹性工作制。

(5)实施无假日门诊、病员服务中心服务中心、门诊导医服务等。

(6)银医一卡通、交通银行、小超市等便民服务举措。

附1：本单位应急及常用电话号码表
（注：各单位依据实际情况制作）

附2：员工行为规范

一、医务人员仪表仪态规范

1.仪表

（1）工作服整洁、无污渍、勤换洗，适体平直，有破损或脱纽扣及时缝补。

（2）衬衣袖、裙边不露在工作服外、男士夏天不穿短裤上班。

（3）佩戴工牌服务。

（4）上班时间不戴墨镜、太阳镜、手镯、戒指、有坠耳环，不留长指甲，不染指甲，头发不披肩。男士头发整洁，不留胡须。不穿拖鞋和高跟响底皮鞋。禁吃槟榔、吸烟。

2.仪态

基本仪态应体现文雅、庄重、健康、大方得体。

（1）**站姿**：自然站立，显示出礼貌、稳重、端庄、挺拔、有修养。

（2）**坐姿**：上身端正挺直，两肩稍后展，女性还要两腿并拢后收。

（3）**走姿**：上身保持正确的站姿，保持身体重心不偏不倚，两臂前后自然均匀摆动、女性前摆时还要肘微屈，不甩手臂，后摆时不甩手腕，昂首、挺胸、收小腹、步速略快。

（4）**快步姿**：上半身保持平稳，两脚步幅不过大，频率不过高。舒展自如，略带轻盈。

（5）**头颈部动作**：自然、大方、优雅、活动范围适度。

（6）**面部表情和五官的动作**：表情亲切、和蔼、自然。

（7）**手的动作**：检查时要轻、柔、稳、准。

（8）**脚的动作**：坐下时，双腿下垂或着地。

二、医生行为规范

（1）坚持以服务对象为中心，认真履行医生职责，尽职尽责为服务对象服务，耐心解答服务对象提出的问题，方便服务对象就医。

（2）关心、爱护、尊重服务对象，不泄露服务对象的隐私，自觉维护服务对象的合法权利。

（3）严格依法执业，遵守各项技术操作规范，积极预防医疗缺陷、纠纷、事故的发生，对已经发生的医疗缺陷、纠纷、事故，按规定程序及时报告。

（4）认真执行首诊负责制，及时抢救急、危重服务对象。落实三级医生负责制，各负其责，把好医疗服务质量关，做到及时准确地记录病历等医疗文件。因病施治，合理检查，合理用药，合理治疗。

（5）在诊疗过程中，使用国家有关部门批准使用的药品、消毒药剂和医疗器械。除正当诊断治疗外，不使用麻醉药品、医疗用毒性药品、精神药品和放射性药品。

（6）在避免对服务对象产生不利后果的前提下，如实向服务对象及其亲属介绍病情。未经医院批准并征得服务对象或者亲属同意，不对服务对象进行实验性临床医疗。

（7）发现传染病疫情或者服务对象涉嫌伤害以及非正常死亡时，应按照有关规定向有关部门报告，并实事求是地出具医学证明文件。

（8）遵守医生职业道德，不利用职务之便，索取、非法收受服务对象财物或者牟取其他不正当利益。

三、保健人员行为规范

（1）坚持妇幼卫生工作方针，以保健为中心，以保障生殖健康为目的。保健与临床相结合，面向群体、面向基层、预防为主。深入基层了解辖区妇女儿童保健状况和影响健康的主要因素，组织制定切实可行措施，提高辖区妇女儿童健康水平。

（2）群体保健人员需结合自身职责，配合卫生计生行政部门做好妇女儿童健康相关规范的贯彻实施，协助卫生计生行政部门加强辖区妇幼健康服务工作的管理。

（3）院内保健人员遵纪守法，依法执业。自觉遵守国家法律法规，遵守医疗卫生行业规章和纪律，遵守严格执行所在医疗机构各项制度规定。

（4）群体保健人员需廉洁自律，严格遵守八项规定，严格执行基层业务督导制度，不索取和非法收受基层财物，不在基层督导工作中谋取不正当利益。

（5）加强保健质量管理，建立健全辖区妇女、儿童信息及项目工作质量管理机制。

（6）畅通三级网络，提供优质服务。下基层言语文明，举止端庄，认真践行基层业务工作指导职责，自觉维护单位名誉及形象。

（7）严谨求实，精益求精。热爱学习，钻研保健业务，提高保健科研水平，抵制学术不端行为。

四、护理人员行为规范

1. 仪表整齐

（1）着装规范、整洁，夏装衣袖、衣领及裙摆不外露。

（2）服务卡佩戴规范，上班戴手表或挂表。

（3）头发前不过眉、后不过肩，不蓬松，长发宜戴统一发夹、发网。

（4）不化浓妆，不戴耳环(钉)、戒指、手(脚)链及涂指甲油。

（5）统一的软底工作鞋、工作裤和肉色或白色袜。

2. 行为规范

（1）工作积极，团结协作，不闹无原则纠纷。

（2）服从工作安排，不私自换班。

（3）遵守劳动纪律，不无故迟到、早退、旷工。

（4）主动观察病情，记录真实。

（5）关心爱护患者，执行保护性医疗制度，不泄露患者隐私。

（6）履行岗位职责，工作严谨、慎独，对个人执业行为负责。

（7）对患者一视同仁，尊重患者，维护患者的健康权益。

（8）及时接应红灯，解决患者所需，不滞留办公室。

（9）做到"四轻"：说话轻、走路轻、开关门轻、操作轻。

（10）做到"十不"：不擅自离开工作岗位、不违反护士仪表规范、不带私人用物入工作场所、不在工作区吃东西、不接待私人会客和接打私人电话（非急事）、不做私事、不打瞌睡或闲聊、不与患者及探陪人员争吵、不接受患者礼物、不利用工作之便谋私利。

（11）坐、站、行符合职业规范，进入治疗室、换药室戴口罩；更换液体端治疗盘，遇见平车行走则礼让。

（12）不穿工作服进食堂、阅览室、商场、银行等非医疗场所。

3. 礼仪周到

（1）服务态度：服务态度和蔼，解释耐心，热情周到，与患者及亲属沟通到位。无推诿患者现象，患者对护理工作满意度≥90%。

（2）接待礼仪：非本科室工作人员进入办公室时护士应起立。热情接待来访者，主动地询问来意，并协助解决。接待新入院患者热情、礼貌，妥善安排床位。

（3）电话礼仪：接听电话速度在5声之内，主动道"您好"，转接在30秒之内，主动回复，回答问题耐心，有礼貌结束语。

五、行政人员行为规范

（1）认真贯彻执行党和国家的路线、方针、政策，带头遵纪守法，严格执行各项规章制度，牢固树立为患者、为临床一线、为职工服务的理念。

（2）领导干部以身作则，率先垂范，不计较得失，办事公道，作风正派，廉洁奉公，不以权谋私，自觉抵制和纠正不正之风。

（3）加强学习，树立科学管理理念，吸取好的经验和先进管理方法，不断提高管理能力和水平。

（4）熟练掌握本职业务、经常深入临床调查研究，了解和分析各种信息，做到反映准确、决策科学、解决及时、务求实效。

（5）虚心听取患者和职工意见，不断改进工作方法，及时解决患者和职工反映的问题。

（6）热情接待来访人员、举止文明，礼貌待人，一视同仁。

（7）勤俭节约，开源节流。

六、后勤人员行为规范

（1）不得收受厂家礼物、现金、购物卡、有价证券等一切可怀疑为贿赂的物品，若遇特殊情况，必须向主任汇报，物品交公处理方可，否则视为接受贿赂处理。

（2）不得私自接受任何厂家的非物质性帮助，不得接受厂家宴请（工作餐除外）、娱乐、保健等项目，否则视为接受贿赂处理。

（3）不得到厂家单位报销应由个人支付的各种费用，更不得向厂家借钱、借物、无偿占用财务。

（4）对待工作要诚实认真，不得欺上瞒下、谎报瞒报，一经发现并证实弄虚作假、欺骗单位与领导的行为，将会从严处理。

（5）礼貌待人，遇见同事应主动问好，进他人办公处应敲门或打招呼征得他人同意方叫入内，遇见参观来访客人，应礼貌热情。

（6）遵守公德，公共场所不大声喧哗，不追逐游戏。

（7）爱护公物，不在桌面、墙壁、上乱涂乱贴。

（8）遵章守纪，办事按程序，守秩序，自觉维护规章制度。

（9）工作积极主动，讲效率、讲程序，不敷衍、不拖延、不推诿、不扯皮。

（10）不贪小便宜，不利用工作之便挪用公司财物，不利用单位办公设施干私活，不私自将单位物品带出大门。

附3：文明常用语

基本十字用语：请、您好、谢谢、对不起、再见。

"八个不说"：不礼貌的话不说，不耐烦的话不说，傲慢的话不说，责难的话不说，讽刺的话不说，刁难的话不说，泄气的话不说，庸俗的话不说。

称呼用语：老同志、老人家、同志、先生、女士、小姐、小朋友。

接待用语：请进、请坐、有事您再来、慢走。

电话用语：您好，我是××科，请问您是哪里（单位）？您贵姓？怎么称呼您？有什么事情？请您稍等。××同志不在，有什么事我可以为您传达吗？

"六个多"：多一声问候，多一句解释，多一点同情，多一份关爱，多一些笑容，多一声祝福。

附 4：紧急事件应急处置方法

一、火灾

（1）**救援**：组织服务对象、亲属及所有人员及时离开火灾现场。疏散时应选择就近的安全出口逃生，禁止乘坐电梯。

（2）**报警**：院内火警电话：＿＿＿＿＿（24 小时接警）；火势较猛院内救火无法控制时拨打院外电话（119）。

（3）**灭火**：面对初期火灾，要利用就近的灭火器灭火，火势较猛无法控制时要尽快撤离。

（4）**控制火势**：关闭电源、气源总闸，必要时关上门窗防止火势蔓延。

（5）**疏散**：根据病情，以抬、背、抱的方式疏散服务对象。

（6）**禁止**：严禁使用电梯、电源。

二、停电问题

发生停电，请联系＿＿＿＿＿＿＿＿＿（24 小时电话），医院总值班电话＿＿＿＿＿＿＿＿＿＿（晚上）。

三、停水、水管破裂、下水道堵塞问题

请联系＿＿＿＿＿＿＿＿（24 小时电话）。

四、医用气体泄露

紧急关闭该科室的氧气总闸，并立即报告仪修室＿＿＿＿＿＿＿（白天）、物质设备部＿＿＿＿＿＿（白天）、医院总值班电话＿＿＿＿＿＿＿（晚上）。

五、电梯故障

立即打＿＿＿＿＿＿＿＿（24 小时电话）、电梯故障报修电话＿＿＿＿＿

_____(24 小时电话)、医院总值班电话_____，并随时与外面人员保持联系，由专业人员开启层门和轿厢门放出被困人员，严禁自行从轿厢内用手或工具开启层门和轿厢。

六、信息系统故障

拨打信息中心电话_____(白天)，医院总值班电话_____(晚上)。

七、危险物品泄露、被盗

(1)院内报警电话：保卫科_____(24 小时接警)。

(2)确认危险物品泄露时，立即组织疏散。

八、危害公共秩序事件

(1)院内报警电话：保卫科_____(24 小时接警)；医疗安全办_____(正常上班时间)；医院总值班电话_____(晚上)。

(2)当事人如遇冲突应立即回避。

(3)事态严重由保卫科报 110。

九、盗窃事件

院内报警电话：保卫科_____(24 小时接警)。

十、服务对象走失和私自外出未归

(1)立即报告病室护士长，并报院内报警电话：保卫科_____(24 小时接警)或医院总值班电话_____(晚上)。

(2)接报告后，立即通知各大门岗位及应急小分队对全院进行排查，同时通知监控中心调取相关视频排查丢失区域及走失路线。超过 1 小时还未找到报分管领导并视情况报 110。

急救呼叫电话_____**总值班电话**_____**投诉电话**_____

第五章　临床部分

1. 医院的院、科两级质量管理组织

（1）院级：医院质量与安全管理委员会；学术委员会；医疗保健质量与安全管理委员会；辖区质量与安全管理委员会；医疗技术管理委员会；医师定期考核委员会；医疗器械临床使用安全管理委员会；应急领导小组；医院传染病防治与医院感染管理委员会；医疗事故鉴定委员会；病案管理委员会；护理质量管理委员会；医学伦理委员会；生殖医学伦理委员会；药物临床试验伦理委员会；生物安全委员会；继续医学教育委员会；药事管理与药物治疗学委员会；抗菌药物临床应用管理委员会；合理用药与抗菌药物管理工作小组；医院麻醉药品、第一类精神药品管理领导小组；临床输血管理委员会；放射防护管理委员会；医疗装备管理委员会；信息管理委员会。

（2）科级：科室质量管理小组。每一位员工了解本科室质量管理的相关内容，包括科室质量管理小组成员及职责、质量管理与患者安全计划、质量标准与相关管理制度、质量检查记录、质量监控指标分析、质量改进与患者安全项目。

2. 手术科室质量与安全主要指标

主要指标有：住院重点疾病的总例数、死亡例数、两周与一个月内再住院数、手术非计划重返、非预期手术例数等；患者安全类指标；单病种质量检测指标；合理用药检测指标；医院感染控制质量监测指标及辖区管理指标。

3. 临床路径和单病种质量控制的意义

意义在于缩短平均住院日，合理支付医疗费用为特征，按病种设计最佳的医疗和护理方案，根据病情合理安排住院时间和费用，规范诊疗行为，增强了诊疗活动的计划性。

4. 患者病情评估的重点

医院对接诊的每位患者都应进行病情评估。一般患者入院 24 小时内进行评估，急危重患者立即评估。患者病情评估的重点包括门诊评估、住院时再评估、入院时评估、手术前后评估、麻醉前后评估、疑难危重患者评估、患者病情变化时评估、转科转诊前患者病情评估、护理对患者安全风险评估、出院前评估等。

5. 服务对象（患者）身份识别制度及程序

（1）给患者用药、使用血液和血液制品、采集血液和其他标本、为患者提供其他的诊疗操作之前均应对患者身份进行识别。至少同时使用二种（或二种以上）服务对象（患者）身份识别的方法。采用患者姓名、身份证、诊疗卡、住院号和患者亲属及陪护亲友识别，不得仅以床号作为识别的依据。

（2）对无法有效沟通（如昏迷、神志不清、无自主能力、新生儿等患者）及需要手术治疗的患者，建立使用"腕带"标识牌，作为住院患者的识别制度，在进行各项诊疗操作前要认真核对患者"腕带"上的信息，准确确认服务对象（患者）的身份。

（3）"腕带"牌记载的服务对象（患者）信息包括：科别、床号、住院号、姓名、性别、年龄、诊断等，由病房护士负责填写。要求所有重症监护室、急诊抢救室、分娩室（新生儿）、新生儿病房、所有进入手术室患者以及所有处于昏迷状态的患者均要佩带"腕带"牌，以便身份核对识别。

（4）重点环节的患者身份识别。

①手术患者识别：采用"腕带""患者亲属及陪护亲友""患者姓名、性别、住院号"识别。

②输血患者身份识别：采用"患者亲属及陪护亲友""患者姓名、性别、住院号"识别。

③ICU 患者身份识别：采用"腕带""身份证""患者亲属及陪护亲友"三种方法中的至少两种识别方法。

④急诊科、病房、ICU、产房之间的患者身份识别。

a. 患者出急诊科进入病房，由急诊科人员、接诊室值班人员、病房值班护士共同确认患者身份并双签名。

b. 患者出入病房和 ICU 之间，由病房护士和 ICU 护士共同确认患者身份并双签名。

c. 患者出产房进入病房，由妇产科双人共同确认患者身份并双签名于护理记录中。

⑤昏迷、神志不清、无自主能力的重症患者、手术患者、新生儿在诊疗活动中使用"腕带"和"患者亲属及陪护亲友"作为各项诊疗操作前辨识患者的手段，并在全院各病房、CCU、急诊室实施，并按要求做好登记记录。护士在给患者使用"腕带"标识时，实行双人核对并签名。

⑥门诊患者使用患者姓名、诊疗卡、身份证识别，患者出生日期、住址、电话号码、陪护人作为患者识别的补充信息，当使用识别码有困难时可选择这些补充信息来确认患者。

6. 患者十大安全目标

目标一：确立查对制度，识别就诊者身份。新生儿、婴幼儿必须佩带腕带。对入院患者采用唯一编码管理。

目标二：确定在特殊情况下医务人员之间有效沟通的程序、步骤。

目标三：建立并实施患者风险评估及手术安全核查制度。确保手术安全，确立手术安全核查制度，防止手术患者、手术部位及术式发生错误。

目标四：执行手卫生规范、落实医院感染控制的基本要求。

目标五：加强药品管理，提高用药安全。

目标六：建立临床"危急值"报告制度。

目标七：防范与减少患者跌倒、坠床、烫伤、呕吐物吸入窒息等意外事件发生。

目标八：防范与减少患者压疮发生。

目标九：建立质量安全(不良)事件报告制度；妥善处理质量安全(不良)事件，并对质量安全(不良)事件进行质量持续改进。

目标十：鼓励患者参与医疗安全。

7. 医疗质量与医疗安全的核心制度

(1)首诊医生负责制度。

(2)三级医生查房制度。

(3)疑难病例讨论制度。

(4)会诊制度。

(5)急危重患者抢救制度。

(6)手术分级分类管理制度。

(7)术前讨论制度。

(8)死亡病例讨论制度。

(9)查对制度。

(10)病历书写与管理制度。

(11)医生值班、交接班制度。

(12)分级护理制度。

(13)新技术、新项目准入制度。

(14)临床"危急值"报告制度。

(15)抗菌药物分级管理制度。

(16)手术安全核查制度。

(17)临床用血审核制度。

(18)信息安全管理制度。

医疗核心制度巧记口诀：两诊(首诊、会诊)两查(三级查房、查对)三讨论(疑难危重病例、术前病例、死亡病例)；抢(抢救)写(病历书写)交接(值班交接班)加三分(手术分级、分级护理、抗菌药物分级)；技术准入要牢记，危急报告很重要，手术输血信息全。

8. 核心制度内容问答

(1)院内普通会诊及急会诊时限是多少？

答：普通会诊：48 小时；急会诊 10 分钟。

(2)手术安全核对如何进行？目的是什么？

答：①手术医生、麻醉医生和手术室护士三方，分别在麻醉实施前、手术开始前和患者离开手术室前，同时对患者身份和手术部位等进行核查。②目的是严格防止手术患者、手术部位及手术方式发生错误，保障患者安全。

(3)三级查房制度如何执行？（各级医生的查房频率）

答：①三级医生查房：每周查房 1～2 次。②二级医生查房：一般患者每周至少查房 2 次，一般患者入院后，二级医生首次查房不得超过 48 小时。对危重服务对象应每日随时进行巡视检查和重点查房。对新入院服务对象，如一周后仍诊断不明或治疗效果不好的病例，应进行重点检查与讨论，查明原因。③一级医生查房：对所管的服务对象每日至少查房 2 次，早晚查房一次，上午下班前、下午下班前各巡视一次，危重服务对象和新入院服务对象及手术服务对象重点查房并增加巡视次数。

(4)危重服务对象交接班注意事项？

答：危重服务对象的交班需在床边交接，交接班医生必须及时完成书面交接记录。

(5)临床用血申请逐级审批制度？

答：同一患者一天申请备血量少于 800 mL 的，由具有中级以上专业技术职务任职资格的医生提出申请。备血量在 800 mL 至 1600 mL 的，由具有中级以上医生提出申请。申请备血量达到或超过 1600 mL 的，由具有中级以上医师提出申请。（以上条款规定不适用于急救用血。）

（6）服务对象知情同意制度包括哪些内容？如何记录？

答：包括72小时入院医疗谈话制度、术前、术中、术后谈话制度、特殊检查、特殊治疗谈话制度、使用一次性耗材200元以上进行谈话、创伤性诊断、治疗知情同意、输血知情同意、化疗知情同意、急、危服务对象处置知情同意。

（7）病例讨论制度包括哪些内容？如何记录？

答：包括疑难、危重病例讨论制度、手术前讨论制度、死亡病例讨论制度。讨论内容包括：讨论日期、主持人及参加人员名单、专业技术职务、简要病情、讨论目的和讨论后的总结意见等。

（8）什么是疑难危重病历讨论制度？

答：凡遇住院时间长、确诊困难或治疗效果不确切的疑难病例，由科主任或由副主任医师主持召开会议。

9. 病历书写有关注意事项

（1）不能缺、漏、错项（页）。

（2）首次病程记录规范：病例特点、拟诊讨论、诊断依据及鉴别诊断、诊疗计划，必须由执业医师书写与签名。

（3）按时完成：入院记录24小时，首次病程记录8小时，主治查房记录48小时，抢救记录即时或6小时内补记，普通会诊48小时，急会诊10分钟，术后首次病程记录手术后即时完成，手术记录术后记录24小时内，主刀术前、术后24小时内查房，出院（死亡）记录24小时内完成，死亡讨论一周内。

（4）签字问题：谁查房谁审核谁签字（不能代签）；谁主持讨论谁审核签字；手术、麻醉、高危诊疗操作知情选择同意要术者、一助签字；手术记录要术者书写，特殊情况一助书写的，术者签名；非执业医师书写的均要执业医师审核签字。

（5）等级评审强调要求：①病历中各种合并症与并发症、手术与操作所致并发症、使用药物及器材所致不良反应、肿瘤病理分期、医学影像、检验等报告所获得的重要阳性结论应规范地填写在病案首页中，无遗漏；②所有用药记录在病历中；③所有的用药信息在出院或转院时归入其病历留存；④药物不良反应记入病历；⑤伦理委员会讨论的结论意见记入病历；⑥重要检查、诊断阳性与阴性结果的分析记录在病程记录中；⑦分娩前由具有法定资质的医师和助产人员按照制度、程序进行母婴再评估/诊断，其结果应记录在病历上；⑧对急诊剖宫产根据危重程度进行分级，记录在病历中。危重患者病情"危重程度评估"结果记入病历；⑨疑难危重患者实施多学科联合查房与会诊，有临床药师参与，记录于病历中；⑩对术前讨论有明确的时限要求并记录在病历中；⑪每位患者手术后的生命指标监测结果记录在病历中。

　　麻醉计划记录于病历中，包括拟施行的麻醉名称、可能出现的问题与对策等。按照计划实施麻醉，变更麻醉方法要有明确的理由，并获得上级医生的指导和同意，亲属知情，记录于病历/麻醉单中。麻醉的全过程在病历/麻醉单上得到充分体现。麻醉过程中的意外与并发症处理记录于病历/麻醉单中。麻醉复苏室转出的患者有评价标准（如 Steward 评分或 Aldrete 评分），评价结果记录在病历中。

　　医生向患者、近亲属或委托人充分说明使用血液成分的必要性、使用的风险和利弊及可选择的其他办法，并记录在病历中。根据患者病情和实验室检测指标进行输血指征综合评估，记入病历。用血后效果评价的结果记入病历。输血反应结果记录到受血者的临床病历中。患者出院后，住院病历在 2 个工作日之内回归病案科达≥95%，在 3 个工作日内回归病案科达 100%。

　　（6）为抢救患者，在法定代理人或被授权人无法及时签字的情况下，可由医疗机构负责人或者授权的负责人签字。

10. 条款涉及签署知情同意的内容

（知情同意书签署时间要求到分钟）
（1）医疗保健科研项目受试者知情同意书。
（2）有创检查、手术操作、麻醉实施前知情同意书。
（3）产前筛查、产前诊断知情同意书。

（4）异常胎儿处理前知情同意书。

（5）人类辅助生殖技术知情同意书和多胎妊娠减胎术同意书。

（6）阴道分娩转剖宫产知情告知。

（7）需添加配方奶喂养时知情同意书。

（8）计划生育手术知情同意书。

（9）变更麻醉方法时患者亲属知情同意书。

（10）分娩镇痛知情同意书。

（11）术中快速病理诊断知情同意书。

（12）输血治疗或使用血液制品知情同意书。

（13）转诊或转科知情同意书。

（14）基本医疗保障服务范围外的诊疗项目知情同意书。

（15）高危诊疗操作、特殊检查、特殊治疗知情同意书。

（16）使用贵重药品、耗材等知情同意书。

（17）实验性临床医疗患者知情同意书。

（18）国内、国外来访者直接从事服务对象临床各种有创诊疗时，事先取得患者书面知情同意。

11. 病历中需知情告知的内容

（1）自费项目（医保超限制使用项目：药品、耗材和检查项目）。

（2）选择或放弃抢救措施，自动出院。

（3）有创诊疗、手术操作、麻醉、变更麻醉方法时患者亲属知情告知。

（4）特殊检查、特殊治疗、手术告知书中要有医疗替代方案。

（5）放疗、化疗。

（6）大剂量激素（甲基泼尼松龙≥500 mg/天）或疗程≥5 天。

（7）入院 24 小时内首次沟通。出院前完成最后一次医患沟通。

（8）术中变更手术方式，术中谈话。

（9）200 元以上材料使用的知情告知。

（10）病重、病危通知。

（11）高风险住院患者风险及防范措施。

（12）输血、手术备血前。

（13）其他知情同意。

12. 口头医嘱

只有在抢救、手术等紧急情况下医生才可以下达口头医嘱，其中在特殊情况下，当医生不能够立即到达现场而又需要立即处理时可以执行电话医嘱。平时不允许使用口头医嘱或电话医嘱。护士在执行口头或电话医嘱时要确定患者姓名、医嘱内容并复述医嘱内容，经开医嘱医生确认及双人核查无误后方可执行，执行后记录执行时间并签名。在抢救或手术结束后6小时内由下达口头医嘱的医生补开医嘱内容。

13. 模糊不清医嘱

模糊医嘱是指医嘱书写不清楚、医嘱书写有明显错误、医嘱内容违反治疗常规、药物使用原则、医嘱内容与平常医嘱内容有较大差别、医嘱有其他错误或者疑问的医嘱。

14. 模糊不清医嘱处理流程

护士对可疑医嘱或不明确之处，应及时向开立医嘱医生提出，必须查清明确后方可执行，医生未予理睬或找不到开具医嘱的医生时请示报告上级医生、科主任，不得盲目执行。医嘱执行后，应认真观察疗效与不良反应，护士执行医嘱应当在医嘱单上写明执行时间并由执行护士亲自签名。

15. 医疗保健服务转介管理制度

医疗保健服务转介主要是指营养、心理、康复治疗、中医医疗保健服务的转介。按照工作要求开展工作；建立转介的转入、转出登记；每季度进行转介服务工作量、内容、存在的问题、改进措施等情况的统计分析；医务部、保健部等职能部门定期对转介服务进行监督检查、反馈，不断完善转介服务质量。

16. 什么是"三基三严"

（1）"三基"：基本理论、基本知识、基本技能。

（2）"三严"：严格要求、严谨态度、严肃作风。

17. 什么是标准预防

（1）**定义**：标准预防是针对医院所有患者和医务人员采取的一组预防感染措施。

（2）**措施**：包括手卫生，根据预期可能的暴露选用手套、隔离衣、口罩、护目镜或防护面罩，以及安全注射。也包括穿戴合适的防护用品处理患者环境中污染的物品与医疗器械。

（3）**原则**：基于患者的血液、体液、分泌物（不包括汗液）、非完整皮肤和黏膜均可能含有感染性因子的原则。

18. 标准预防的具体措施

（1）可能接触服务对象的血液、体液时，必须戴手套，操作完毕，脱去手套后立即洗手，必要时手消毒。

（2）可能发生血液、体液飞溅到医务人员面部时，医务人员应当戴手套和具有防渗透性功能的口罩、防护眼镜。

（3）可能发生血液、体液大面积飞溅或者有可能污染医务人员的身体时，还应当穿戴具有防渗漏的隔离衣或围裙。

（4）手部皮肤发生破损，在进行有可能接触服务对象血液、体液的诊疗和护理操作时必须戴双层手套。

（5）使用后的锐器应直接放入利器盒内。

19. 手卫生

（1）什么叫手卫生？

手卫生是指医务人员洗手、卫生手消毒和外科手消毒的总称。

（2）七步洗手法

第一步（内）：洗手掌 流水湿润双手，涂抹洗手液，掌心相对，手指并拢相互揉搓。

第二步（外）：洗背侧指缝 手心对手背沿指缝相互揉搓，双手交换进行。

第三步（夹）：洗掌侧指缝 掌心相对，双手交叉沿指缝相互揉搓。

第四步（弓）：洗指背 弯曲各手指关节，半握拳把指背放在另一手掌心旋转揉搓，双手交换进行。

第五步（大）：洗拇指 一手握另一手大拇指旋转揉搓，双手交换进行。

第六步（立）：洗指尖 弯曲各手指关节，把指尖合拢在另一手掌心旋转揉搓，双手交换进行。

第七步（腕）：洗手腕、手臂 揉搓手腕、手臂，双手交替进行。

注　意：双手指甲长度小于 1 毫米（观察）；整个洗手过程在 1 分钟内完成；双手充分要充分湿润，皂液均匀涂抹至整个手掌、手背、手指和指缝；要在流动水下彻底冲洗干净双手，擦干。

（3）哪些情况下，医务人员应选择洗手或使用速干手消毒剂？

①直接接触每个患者前后，从同一患者身体的污染部位移动到清洁部位时；②接触患者黏膜、破损皮肤或伤口前后，接触患者的血液、体液、分泌物、排泄物、伤口敷料等之后；③穿脱隔离衣前后，摘手套后；④进行无菌操作、接触清洁、无菌物品之前；⑤接触患者周围环境及物品后；⑥处理药物或配餐前。

（4）医务人员在哪些情况时应先洗手，然后进行卫生手消毒？

①接触患者的血液、体液和分泌物以及被传染性致病微生物污染的物品后。

②直接为传染病患者进行检查、治疗、护理或处理传染患者污物之后。

（5）"外科手消毒"应遵循的原则

①先洗手，后消毒；②不同患者手术之间、手套破损或手被污染时，应重新进行外科手消毒。

20. 心肺复苏操作流程

（1）评估现场环境（确认现场安全）。

（2）判断意识和呼吸：首先轻拍其肩膀呼叫"你怎么啦"；判断患者有无运动和反应、有无呼吸。

（3）**呼救，启动急救系统**："来人啦！"或"救人呀"；呼叫人去取急救物品、仪器等；记录时间。

（4）**复苏体位**：硬地板或床板，去枕，摆正体位、躯体成一直线，松解上衣。

（5）**判断脉搏**：一手示指和中指并拢，以喉结为标志，沿甲状软骨向靠近急救人员一侧滑行到胸锁乳突肌凹陷处，用力不能太大，时间 <10 秒。

（6）**实施胸外心脏按压：**

①定位：在胸骨中、下 1/3 处，即乳头连线与胸骨交界处，以一手掌根部放在患者胸骨下 1/3 与上 2/3 交界处，沿肋弓下缘摸至剑突，上二横指旁。

②方法：两手手指交锁，手指离开胸壁，保持肘关节伸直，按压时双臂垂直向下。

③深度：成人 5~6 cm，对儿童及婴儿则至少胸部前后径的 1/3。

④频率：100~120 次/分。

⑤比例：按压和放松时间 1∶1，胸廓完全回弹。

（7）**清除气道**：头偏一侧，用手指（婴儿用小指）清除口咽部异物，注意速度要快。取下义齿。

（8）**开放气道**：用一只手轻抬其下颌，另一手将头后仰（下颌角与耳垂连线应与床面垂直）。

（9）**人工呼吸**：保持气道开放；在患者口鼻覆盖纱布，捏紧患者鼻翼，深吸一口气，屏气，双唇包住患者口唇，吹气，时间大于 1 秒，松手，观察胸廓起伏情况，频率 10~12 次/分。如用简易呼吸气囊，将简易呼吸器连接氧气，氧流量 8~10 升/分（有氧源的情况下）一手以"EC"法固定面罩（即拇指与示指扣压面罩成"C"形，另外三指持扶下颌成"E"形，称"EC"法），另一手挤压球囊 1/3，潮气量(400－600 mL)，频率：8～10 次/分。

(10)**操作要点**：心脏按压与人工呼吸比例为 30∶2，持续进行 5 个周期 CPR，再次判断，时间不超过 10 秒。

(11)**有效指征判断**：可扪及颈动脉搏动；收缩压 60 mmHg 以上，瞳孔由大缩小，对光反射恢复，口唇、指甲由紫绀变红润，自主呼吸恢复；如未恢复继续 5 个循环后再判断，直至高级生命支持。

(12)**复苏后的体位，观察**：患者侧卧位或平卧头偏一侧；进行进一步生命支持，注意观察患者意识状态、生命体征及尿量变化。

21. 抗菌药物应用管理制度

(1)抗菌药物临床应用实行分级管理

抗菌药物分级管理分为三级：非限制使用级、限制使用级、特殊使用级。

其中特殊使用级抗菌药物不得在门诊使用。有下列情况之一可考虑越级应用特殊使用级抗菌药物：①感染病情严重者；②免疫功能低下患者发生感染时；③已有证据表明病原菌只对特殊使用级抗菌药物敏感的感染；④使用特殊级抗菌药物时必须填写《特殊使用级抗菌药物临床使用申请单》，开展审批程序。

(2)抗菌药物使用的基本原则

①根据实验室检查结果，初步诊断为细菌性感染者以及经病原检查确诊为细菌性感染者方有指征应用抗菌药物。

②根据病原种类及细菌药物敏感试验结果选用抗菌药物。住院患者必须在开始抗菌治疗前，先做细菌培养。

③危重患者在未获知病原菌及药敏结果前，可根据患者的发病情况给予抗菌药物经验治疗。

④按照药物的抗菌作用特点及其体内过程特点选择用药。

⑤抗菌药物治疗方案遵循下列原则：

品种选择：根据病原菌种类及药敏结果选用抗菌药物。

给药剂量：按药物的治疗剂量范围给药。

给药途径：轻症口服给药；重症感染、全身性感染患者初始治疗应予静脉给药，以确保药效；病情好转能口服时应及早转为口服给药。抗菌药物的局部应用宜尽量避免。

给药次数：青霉素类、头孢菌素类和其他 β 内酰胺类、红霉素、克林霉素等消除半衰期短者，应一日多次给药。

疗程：一般宜用至体温正常、症状消退后 72～96 小时；败血症、感染性心内膜炎、化脓性脑膜炎、伤寒、布鲁菌病、骨髓炎、溶血性链球菌咽炎和扁桃体炎、深部真菌病、结核病等需较长的疗程方能彻底治愈，并防止复发。

⑥抗菌药物的联合应用要有明确指征。单一药物可有效治疗的感染不需联合用药。联合用药指征：病原菌尚未查明的严重感染，包括免疫缺陷者的严重感染；单一抗菌药物不能控制的需氧菌及厌氧菌混合感染，两种以上病原菌感染，感染性心内膜炎或败血症等重症感染；需长程治疗，但病原菌易对某些抗菌药物产生耐药性的感染，

⑦密切观察药物疗效、毒性作用及不良反应。

⑧对病情复杂难治性感染的患者，应进行重点会诊讨论。

⑨病原微生物检测和耐药监测。

对主要目标细菌耐药率超过 30% 的抗菌药物，应及时预警；对主要目标细菌耐药率超过 40% 的抗菌药物，应慎重经验用药；对主要目标细菌耐药率超过 50% 的抗菌药物，应参照药敏试验结果选用；对主要目标细菌耐药率超过 75% 的抗菌药物，应暂停该类抗菌药物的临床应用，一年以后根据追踪细菌耐药监测结果，再决定是否恢复其临床应用。

⑩外科抗菌药物预防性应用的基本原则。

清洁手术（Ⅰ类切口）：使用抗菌药物，可手术前一个剂量，手术后一个剂量，以一线抗菌药物为主。在下列情况时可考虑预防用药：

a. 手术范围大、时间长、污染机会增加。

b. 手术涉及重要脏器，一旦发生感染将造成严重后果者。

c. 高龄或免疫缺陷者等高危人群。

d. 清洁－污染手术（Ⅱ类切口）：此类手术需预防用抗菌药物。

e.污染手术（Ⅲ类切口）：此类手术需预防用抗菌药物。

f.污秽－感染手术（Ⅳ类切口）：在手术前即已开始治疗性应用抗菌药物，术中、术后继续，此不属预防应用范畴。

如腹腔脏器穿孔腹膜炎、脓肿切除术、气性坏疽截肢术等，属抗菌药物治疗性应用。

g.外科预防用抗菌药物的选择及给药方法：疗效肯定、安全、使用方便及价格相对较低的品种。首选使用第一、二代头孢菌素±甲硝唑或头孢霉素作为预防性抗菌药。

耐甲氧西林葡萄球菌发生率高的医疗机构，可选用万古霉素或去甲万古霉素预防感染。

在手术前1小时内开始使用预防性抗菌药物；手术超过3小时加用抗菌药物一次；

术后停止使用预防性抗菌药物的时间；术后24小时停止使用抗生素，有高危因素者可延长至48小时。

（3）监控检查

①医务部、药学研究部、质控科等相关职能部门每月对抗感染药物使用管理制度落实情况进行监控，不定期进行抽查，将临床抗菌药物应用的管理纳入医疗行政查房、医院全面质量管理中，作为质量改进监测指标。

②对使用、更改、联用抗菌药物的均要求在病历上有详细的记录。使用或更改抗菌药物前应采集标本作病原学检查，送检率达到30%以上。

③对价格昂贵、用量位居前列和不良反应较大的抗菌药物实行限制性应用，发现有明显违规行为的品种，上报抗菌药物管理小组、医院监察审计部门进行查处并立即停用。

④医院严格实行处方点评与奖罚制度，抗菌药物使用强度、分级管理执行制度应符合要求。全院住院患者抗菌药物使用率控制在60%以下。Ⅰ类切口抗菌药物使用率不超过30%。门诊患者抗菌药物处方比例不超过20%。急诊患者抗菌药物处方比例不超过40%。严禁临床科室选用单一抗菌药物抗感染，单一品种抗菌药物DDDs（用药频度）不能超过本科室所有抗菌药物DDDs

的40%。各科室抗菌药物联合使用比例在上一年度的基础上下降10%;各科室特殊级别抗菌药物使用比例在上一年度的基础上下降10%。

⑤每月对处方进行点评,将点评结果在《合理用药》专栏中公布,对不合理使用、超权限使用进行处罚。

⑥抗菌药物管理工作组应对存在问题的相关科室、个人进行重点监测以跟踪其改进情况。

(4)主要检测指标

①抗菌药物品种、品规数量。

②住院患者特殊使用级抗菌药物使用率。

③门诊、急诊、住院患者抗菌药物使用率。

④住院患者抗菌药物使用强度。

⑤I类切口手术预防用抗菌药物比例。

⑥I类切口手术预防用抗菌药物疗程≤24小时的百分率;I类切口手术预防用抗菌药物时机合理率;I类切口手术预防用抗菌药物品种选择合理率。

⑦住院患者抗菌药物静脉输液占静脉输液百分率。

⑧门诊、急诊、住院患者静脉输液使用率。

⑨接受抗菌药物治疗的住院患者抗菌药物治疗前微生物(合格标本)送检率;接受限制使用级抗菌药物治疗的住院患者治疗前抗菌药物微生物(合格标本)送检率;住院用特殊使用级抗菌药物患者病原学(合格标本)检验百分率。

⑩每月接受处方点评的医师比例;每月接受处方点评医师被点评处方(医嘱)数量。

⑪单一品种抗菌药物DDDs值。

⑫限制级抗菌药物联合用药比例。

⑬特殊使用级抗菌药物联合用药比例。

22. 备用药品管理制度

(1)各科室建立储存基数、固定品种及数量。

(2)医院药事管理委员会制订统一配置的药品(常用和抢救药品);科室

专科备用药品由科主任、护士长提出；麻醉、精神药品及高危药品按规定审批后领取。审批后原则上不变动。

（3）专人管理每月自查一次；护士每天交接检查；护士长月查、院级季查。

（4）建立登记本，每日清点，班班交接记录，统一分类存放、处于完好备用状态。

（5）按储存条件存放；按有效日期先后使用；效期在6个月内的药品，列出明细交中心药房进行更换。

（6）标签不清、破损、变色、混浊及有效期1个月内的药品，批准后统一销毁。

（7）毒麻、一类精神药品的管理。

①严格的交接制度、建立合理储存基数、专人定位定数、专柜上锁管理，实行班班交接，确保账物相符，钥匙随身携带。

②建立"病区毒麻药品使用登记本"，完善使用记录。

③毒麻、一类精神药品实行"日清日毕制"。

④领用：注射用毒麻药品、第一类精神药品，凭处方及空安瓿方可到药房换取备用药。

23. 相似药品管理制度

（1）设置识别标识、制定出相似药品目录；制定易混淆药品系列清单。

（2）分柜放置并留置醒目标志：药效不同、药效不同品名相似，包装相似、剂型不同药品。

（3）药品柜中分开放置并留置醒目标志：药效相同、包装或品名相似的药品。

（4）成分相同厂家、规格不同：留置醒目标志，在标志上标明产地、规格以便区分。

（5）包装相似药品：药房双人复核调配，病区护士双人核对使用。

（6）区分不同类型的胰岛素：要求在冰箱分区放置，分别贴上常规、混合、中效、长效和短效胰岛素等标签。

（7）药学人员调剂药品必须做到"四查十对"。

24. 终止妊娠药品管理制度

（1）药品包括：米非司酮片、米索前列醇片、利凡诺注射液、缩宫素注射液、卡孕栓。

（2）专人负责、专柜加锁、专用账册；不准代购终止妊娠药品。

（3）禁止不具有施行终止妊娠手术资格的个人使用终止妊娠药品，产科接生正常使用缩宫素的除外。

（4）妇产科和计划生育手术医生才可开具终止妊娠药品处方，必须凭妇科医生开具的纸质处方调配和使用。处方信息填写完整，不能与其他药品开在同一张处方上。

（5）药房应认真填写购进和使用登记，购进和使用记录及处方至少保存3年。

（6）设置"禁止违法销售、使用终止妊娠药品"警示标志。

25. 高危药品管理制度

高危药品包括：高浓度电解质、肌肉松弛药、细胞毒化疗药物等。高危药品必须单独存放，醒目标识（如图5-1所示）；使用前进行安全论证，有确切适应证时才能使用。调配发放要实行双人复核。

图5-1　高危药品专用标识

（1）A级高危药品管理措施

①专用药柜或专区储存，储存处粘贴专用标识，专人管理，定期（每季）核查备用情况。

②除抢救车上可存放贴有明显标识的高浓度氯化钾注射液和氯化钠注射液以外，其他区域不得存放。

③病区药房发放A级高危药品须使用高危药品专用袋，药品核发人、领用人须在专用领单上签字。

④药学及护理人员调配和使用时必须注明"高危"，双人核对签字。

⑤临床科室应在药学研究部配合支持下制定使用标准浓度和调配操作规范；应严格按照法定给药途径和标准给药浓度给药。超出标准给药浓度的医嘱医生须加签字。

⑥医生、护士和药师工作站在处置A级高危药品时应有明显的警示信息；医生开具A级高危药品处方时，应认真核对服务对象姓名、病历号、药品名称、药品剂量及给药途径等5项内容，严格按照说明书用法用量执行，避免给药途径和给药剂量的书写错误；电脑录入时应认真核对，如有疑问应及时向药房核对。

（2）B级高危药品管理措施

①药品储存处有明显专用标识。

②调配和使用时必须注明"高危"，双人核对签字。

③按照法定给药途径和标准给药浓度给药。超出标准给药浓度的医嘱医生须加签字。

④医生、护士和药师工作站在处置B级高危药品时有明显的警示信息。

（3）C级高危药品管理措施

①医生、护士和药师工作站在处置时应有明显的警示信息。

②医生开具时，应认真核对服务对象姓名、病历号、药品名称、药品剂量及给药途径等5项内容，严格按照说明书用法用量执行，避免给药途径和给药剂量的书写错误；字迹应清晰，电脑录入时应认真核对，如有疑问应及时向药房查询或拨打临床药师咨询电话，必要时须提醒护士注意。

③门诊药房药师在核发高危药品时应向患者提供及时、准确和可靠的用药信息，必要时需粘贴警示标识；治疗班护士核发 C 级高危药品应进行专门的用药交代。

26. 易制毒化学品使用管理制度

（1）采购员持麻醉药品、第一类精神药品购买印鉴卡向医药公司购买。

（2）双人验收入库，禁止使用现金进行交易，出库应当双人复核，做到账物相符。

（3）保险专柜，双人双锁管理，统一标识，防盗监控。

（4）建立使用台账，并保存 2 年备查。

（5）各科室专人负责申领保管，定期检查，对过期、损坏的统一交药房申请销毁。

（6）凭医生处方及空安瓿到中心药房领用。基数：麦角新碱每科室 5 支，其他 <7 天用量。

（7）产科、麻醉手术室主治医师以上职称的医生可开具麦角新碱（1 mL：0.2 mg），医技科室使用权限由各科主任负责授予。

（8）发生丢失、被盗、被抢或者其他流入非法渠道情形的，应当立即上报。

27. 医疗用毒性药品管理制度

医疗用毒性药品指毒性剧烈，治疗剂量与中毒剂量相近，使用不当会致人中毒或死亡的药品。

（1）建立药品采购、验收、领发、核对等制度；专柜加锁、专人保管，严防发错，严禁与其他药品混杂。

（2）调配毒性药品，必须凭医生签名的正式处方。每次处方剂量不得超过 2 日极量。

（3）药学人员调配处方时，必须认真负责，计量准确，按医嘱注明要求，并由配方人员及具有药师以上技术职称的复核人员签名盖章后方可发出。对处方未注明"生用"的毒性中药，应当发放炮制品。如发现处方有疑问时，须经原处方医生重新审定后再行调配。

（4）处方一次有效，取药后处方保存两年备查。

28. 血液制品临床使用管理办法

血液制品应单独使用，建立单独输液通道；根据药品说明书规定选择合适溶媒配制输液，严禁与其他药品混合、配伍使用；注意观察不良反应，"可疑即报"；安瓿有裂纹、标签不清、药液变色、有摇不散的异物和絮状物者均不可使用；过期失效的严禁使用。严格按照药品说明书规定的储存条件储存血液制品，属于高危药品的血液制品专门位置存放并有警示标志。

29. 抗肿瘤药物分级管理制度

抗肿瘤药物分为特殊管理药物、一般管理药物和临床试验药物三级进行管理。

（1）总体原则：坚持合理用药，分级使用，严禁滥用。

（2）具体使用方法。

①临床试验用药物：按照《药物临床试验质量管理规范》的有关规定执行。

②一般管理药物：由主治及以上医师签名方可使用。

③特殊管理药物：必须严格掌握指证，由副主任医师、主任医师签名方可使用。紧急情况下可越级使用，处方量不得超过 1 日用量，病历记录，24 小时内补办越级手续。

（3）处方权的获得。

主治医师资格；经培训合格后获得抗肿瘤药物处方权；每两年参加不少于 1 次的肿瘤化疗专业培训或学术活动。

（4）配制权的获得。

具有执业资格；在本医院或外医院肿瘤科实习肿瘤化疗药物配置 1 个月

以上；每两年必须参加不少于 1 次肿瘤化疗相关的护理培训或学术活动。

30. 激素类药物使用原则

（1）严格掌握适应证、禁忌证，观察药物效果和不良反应。不能当作"万能药"随意使用。

（2）在非必要时，应尽量不用；必须使用时，应严格按照规定的剂量和疗程用药。

（3）制订个体化的给药方案，注意剂量、疗程和合理的给药方法、间隔时间、用药途径。

（4）注重药物经济学，降低服务对象药物费用支出。

（5）糖皮质激素类药物：发热原因不明者不使用；病毒感染者，原则上不使用；使用时间不超过 3 天，使用剂量不超过药典规定。对已经明确诊断，确需长时间使用时，应努力寻找最小维持剂量或采用间歇疗法，病情稳定后有计划逐步停药或改用其他方法。

使用时注意事项：

①因细菌感染而需要使用，要配合敏感而足量的抗菌药物以防感染扩散及加重。

②患者尤其是老年患者应常规补充钙剂和维生素 D，以防止骨质疏松的发生。嘱进食低钠高钾高蛋白饮食。

③服用糖皮质激素期间应经常检测血糖，以便及时发现类固醇性糖尿病。

④长期用药者给药时间应定在早晨 8：00 和下午（14：00—15：00）时，以尽可能符合皮质激素的生理分泌规律。在撤药时，采取逐渐减量的方式，以使自身的皮质功能逐渐恢复。

⑤防止各种感染的发生，特别是防止多重感染的发生。

⑥减少对胃肠道的刺激，可在饭后服用，或加服预防消化性溃疡及出血等不良反应的药物。

⑦避免使用或慎重：妊娠初期和产褥期；肾上腺皮质功能亢进症；未能控制的感染，如水痘、真菌感染等；病毒性感染；消化性溃疡；糖尿病；高血压；

癫痫、精神病的患者，儿童也应慎用。单纯疱疹性角、结膜炎及溃疡性角膜炎、角膜溃疡；活动性肺结核；骨质疏松；

（6）性激素类药物使用原则：肝肾功能不全者应慎用；勿间断治疗；人工疗法主要用在青春期和围绝经期，青春期人工周期疗法以连用 3 个周期为宜，然后停药观察，待卵巢功能自行调整恢复，必要时经一定时期的停药后，再酌情使用。更年期的 MHT 治疗，充分排除禁忌证且定期随访的情况下使用。

（7）分级管理：冲击疗法需主治医师及以上资格医师决定；短程、中程糖皮质激素治疗时，医生开具，严格掌握适应证，品种选择基本药物目录内的品种；长程糖皮质激素治疗方案，需相应学科副主任医师及以上资格的医师决定；不能单纯以退热和止痛为目的使用糖皮质激素；紧急情况下临床医生可以越级使用，但仅限于 3 天的用量，在病程中详细记录。

31. 促排卵药品管理制度

促排卵药主要指克罗米芬和来曲唑两种药品。

专人负责、专用账册、专柜加锁；凭处方调配和使用，处方信息完整、处方单独保管，建立处方档案；建立购进和使用登记，至少保存 3 年。

32. 麻醉药品和精神药品管理制度

（1）进、出专库双人复核，逐笔登记；药库专人管理，专用账册，保存 5 年。

（2）发现丢失、被盗、被抢、被骗取或者冒领的情况，应立即报告。

（3）为患者首次开具，要求其签署"知情同意书"，并建立相应的病历，病历中应当留存复印件：二级以上医院开具的诊断证明；户籍簿、身份证或者其他有效身份证明文件；为患者代办人员身份证明文件。并为门诊服务对象办理"麻醉药品专用发放卡"。要求长期使用者，每 3 个月复诊或者随诊一次，并将随诊或者复诊情况记入病历。

（4）药房：专人管理、专用保险柜、专用账册；双人双锁保管；保持合理基数；并有警示标识；班班交接，做到账物批号相符。专用发药窗口，由专人负责，领取时，使用专用有警示标识的盒子，凭处方领取。

病区：专人负责，专柜双人双锁保管，专册登记；账物批号相符、班班交接；存放药柜有警示标识。使用时应遵循近效期先用的原则；护士长每周查 1 次，药学部每月查 1 次。

（5）门诊患者使用后再次调配时，要将原批号的空安瓿或者用过的贴剂交回。病区使用后下次到药房领用时，应将空安瓿或废贴交回药房；注射剩余的药液双人核对药品剂量并签名，在使用登记本登记后，按规定程序销毁处理。

药房收回的空安瓿、废贴，由专人计数，逐日记录，统一向医务部、保卫部申请销毁，有销毁记录，并有医务部、保卫部、药学部人员签名备案。

（6）不得办理退药。

（7）处方管理：

①医生应用麻醉药处方笺、第一类精神病药处方、第二类精神病处方的专用处方笺开具，填写患者或代办人的身份证号，处方签写全名，应在病历中记录。

②门诊每张处方为一次常用量；控缓释制剂，每张处方不得超过 7 日常用量；其他剂型，每张处方不得超过 3 日常用量。盐酸哌甲酯用于治疗儿童多动症时，每张处方不得超过 15 日常用量。第二类精神药品每张处方不得超过 7 日常用量，对于慢性病或某些特殊情况的患者，处方用量可以适当延长，医生应当注明理由。

③为门诊癌症疼痛患者和中、重度慢性疼痛患者开具时，每张处方不超过 3 日常用量；控缓释制剂，每张处方不超过 15 日常用量；其他剂型，每张处方不超过 7 日常用量。

④为住院患者开具，每张处方为 1 日常用量。出院带药参照门诊处方量执行。

⑤麻醉药品和第一类精神药品注射剂仅限于本院内使用。对于需要特别加强管制的麻醉药品，盐酸二氢埃托啡、盐酸哌替啶注射液处方为一次常用量，仅限于本院内使用。

⑥麻醉药品、第一类精神药品处方保存 3 年，第二类精神药品处方保存 2 年。处方保存期满后，经医院主要负责人批准、登记备案，方可销毁。

33. 患者参与医疗安全的实施办法与流程

（1）患者及亲属主动参与医疗安全活动，是对患者和亲属知情同意权、选择权的重视，让患者在医疗活动中实施自己的知情同意权、选择权，并且参与其中，同时获取信息。

（2）进一步落实医务人员对患者及其亲属的健康知识教育，以座谈、知情告知等形式，对患者及其亲属的健康教育知识进行宣传，并记录。

（3）落实出院患者回访制度。医院职能科室及病区进行出院患者回访工作，并进行记录。对患者治疗效果，满意度情况，改进意见等调查，促进医疗持续改进。

（4）临床医疗、医技科室医务人员主动为患者及其亲属提供相关的健康宣教，提供健康管理相关信息，积极配合医务人员实施预防和处理措施。

（5）教育患者在就诊时应提供真实病情、真实信息，并告知其对诊疗服务质量与安全的重要性。

（6）主动邀请患者及其亲属参与治疗计划的制定、实施和医疗决策过程。最大限度地促进医患沟通，有利于医务人员根据患者病情及个体差异的不同制定出适应每个患者的详细、科学的治疗（手术）方案，当患者病情变化的时候能够及时调整修改治疗（手术）方案。以提高患者/亲属的知情权和自我护理能力，利于改善患者的健康状况。

（7）医务人员在给患者采集标本、给药或输血等各类诊疗活动时，应该至少同时使用两种患者身份识别方法，并主动要求患者及亲属参加。

（8）对患者详细告知操作的目的、操作方式和风险，并请患者参与手术部位的确认，需要使用设备或耗材的，为患者（或患者近亲属）提供设备和材料的相关信息，让患者对操作有所了解，以确认设备及耗材和患者身份具有唯一对应性，以及和相应费用的对应性；取得患者（或患者近亲属）的确认后，需知情同意签字确认，作为最后确认的手段，以确保实施操作等诊疗活动的顺利进行。

（9）对需要手术的患者，主动邀请患者参与手术安全核查，术前医师应标示手术部位，主动邀请患者参与认定；手术、麻醉实施前实施"患者身份和手术部位确认"程序，由手术医生、麻醉医生、手术或巡回护士执行最后确认程序后，方可开始实施麻醉、手术。严格防止手术患者、手术部位及手术方式发生错误。

（10）在实施任何有创诊疗活动（如介入、手术、穿刺等）前，实施者应亲自与患者（或亲属）沟通，作为最后确认的手段；对接收手术、昏迷、神志不清、无自主能力的重症患者及重症监护病房、手术室、急诊抢救室、新生儿室等科室的患者，要使用"腕带"作为操作、用药、输血等诊疗活动时辨别患者的一种必备手段。

34. 非计划再次手术患者管理制度

（1）是指在同一次住院期间，因各种原因导致患者需进行计划外再次手术。分为医源性、非医源性。

（2）由医务部、护理部协作管理，医务部负责监控，组织调查、评估、干预等工作。

（3）科室主动填写《非计划再次手术报告审批登记表》，上报医务部。择期手术需在手术通知发出前 1 天上报，紧急手术需在术前电话报告医务部或总值班，并在术后 2 小时内书面呈报医务部。

（4）非正常工作时间（包括节假日）：科室主任审核→术前手术医生电话报告总值班→总值班记录、报告医务部→医务部组织协调手术事宜→必要时报告值班院领导。《报告审批登记表》于次日报送医务部。

（5）术前做好患者病情、手术指征及手术风险的全面评估。

（6）建立《非计划再次手术专项管理登记本》，在术后 5 个工作日内进行调查、评估、提出整改措施。并填写登记表及反馈意见表，反馈至质控科。

（7）医务部进行监测。

（8）科室及时做好患者及亲属的沟通工作，避免出现医疗纠纷或不良事件。

（9）造成医疗纠纷或医疗赔付者，由医院缺陷管理委员会进行鉴定责任划分及处理。

（10）瞒报、漏报的科室，每例予以扣罚科室一定额度奖金。

35. 重大手术报告审批制度

（1）指技术难度大、手术过程复杂、风险度大的各种手术。包括资格准入手术，高难度高风险手术，新技术新项目、科研手术及其他特殊手术。

副主任医师及以上职称医师方可主持重大手术。对资格准入手术，除必须符合上述规定外，手术主持人还必须是已获得相应专项手术的准入资格者，但手术医师的手术权限均不可超出本院的手术权限。

（2）审批权限

①资格准入手术：需要专项手术资格认证或授权。由上级卫生行政部门或其认可的专业学术机构颁发证书或授权证明。该类手术由业务副院长或院长审批同意后，科主任签发手术通知单。

②高度风险手术：须经科内讨论，科主任签字同意后报医务部备案并提交业务副院长或院长审批同意。科主任负责签发手术通知单。

③新技术、新项目、科研手术：一般新技术、新项目及重大、致残手术须经科内讨论，科主任签字同意后报医务部，由医务部备案并提交业务副院长或院长审批同意，科主任签发手术通知单。

高风险的新技术、新项目、科研手术由医院上报上级卫生行政部门审批。

④其他特殊手术：可能导致毁容或致残的，可能引起司法纠纷的，因术后并发症需再次手术的，外院医师会诊主持手术的（异地行医必须按执业医师法有关规定执行），以上手术，须经科内讨论，科主任签字同意后报医务部，医务部备案后提交业务副院长或院长审批同意后，由科主任签发手术通知单。

（3）管理要求

①在急诊手术、探查性手术或非预期的中转手术中，如必须施行超医院手术权限的手术，在不影响服务对象安全的前提下，应邀请上级医院会诊并

电话报请上级卫生行政部门批准后方可进行，术毕一周内补办书面手续

②科研项目手术必须征得患者或直系亲属同意。

③超权限手术的审批程序：由科室提出申请，经医院学术委员会讨论同意后，报上级卫生行政部门批准。

④对超权限手术的责任人，追究责任；造成医疗事故的，依法追究相应的责任。

36. 医疗技术临床应用管理

（1）医疗技术分为三类：国家卫生健康委员会负责第三类管理；省级卫生行政部门负责第二类管理；第一类由医院自行管理。

①医院医疗技术管理委员会负责院内管理，日常管理工作由医务部负责。

②不得应用废除或者禁止使用的医疗技术。

③科室在申请开展第二类、第三类医疗技术前，应先完成相应的临床试验研究，有安全、有效的结果后方可提出申请。

④在申请医疗技术临床应用能力技术审核时，应当提交医疗技术临床应用可行性研究报告，内容包括：

a. 开展该项医疗技术的目的、意义和实施方案。

b. 该项医疗技术的基本概况。

c. 开展该项医疗技术具备的条件。

d. 医学伦理审查报告。

e. 其他需要说明的问题。

⑤新批准开展的第二类医疗技术和第三类医疗技术，在 2 年内须每年向批准该项医疗技术临床应用的卫生行政部门报告临床应用情况，包括诊疗病例数、适应证掌握情况、临床应用效果、并发症、合并症、不良反应、随访情况等。

⑥报告医务部，并立即停止该项医疗技术的临床应用情形：

a. 该项医疗技术被卫生行政部门废除或者禁止使用。

b. 从事该项医疗技术主要专业技术人员或者关键设备、设施及其他辅助

条件发生变化，不能正常临床应用。

c. 发生与该项医疗技术直接相关的严重不良后果。

d. 该项医疗技术存在医疗质量和医疗安全隐患。

e. 该项医疗技术存在伦理缺陷。

f. 该项医疗技术临床应用效果不确切。

g. 省级以上卫生行政部门规定的其他情形。

⑦医疗技术应用科室，出现下列情形之一的，应当立即报告医务部，通过医院报请批准其临床应用该项医疗技术的卫生行政部门决定是否需要重新进行医疗技术临床应用能力技术审核：

a. 与该项医疗技术有关的专业技术人员或者设备、设施、辅助条件发生变化，可能会对医疗技术临床应用带来不确定后果的。

b. 该项医疗技术非关键环节发生改变的。

c. 准予该项医疗技术诊疗科目登记后 1 年内未在临床应用的。

d. 该项医疗技术中止 1 年以上拟重新开展的。

未经医院批准，科室或医务人员擅自临床应用各类医疗技术，由科室或医务人员承担相应的法律和经济赔偿责任。

⑧各科室每月应按要求及时填报《医疗技术临床应用情况登记本》，以便年底进行总结。

（2）医疗新技术管理。

①使用新试剂的诊断项目。

②使用二类、三类医疗器械的诊断和治疗项目。

③创伤性的诊断和治疗项目。

④生物基因诊断和治疗项目。

⑤使用产生高能射线设备的诊断和治疗项目。

⑥组织、器官移植技术项目。

⑦实验性临床医疗项目。

⑧医疗技术科研项目。

⑨其他可能对人体健康产生重大影响的新技术项目：

a. 医院医疗技术管理委员会负责全院范围内新技术临床应用准入管理工作，医务部负责日常管理工作。其中，新药物（西药）、新器械的临床试验审批由科研部临床药物试验机构管理办公室负责。实验性临床医疗项目及医疗技术涉及伦理的，还应提交伦理审查报告。

b. 医疗新技术项目一般在年初进行申报，临床技术的项目必须在开展前进行申报审批，年底进行评优工作。

c. 各科室在申报新技术时，须经科室医疗新技术管理小组组织专家对该项目的科学性、创新性、实用性、有效性、安全性、理论依据及伦理方面对该项目做出初审。并按要求填写《医疗新技术立项申请表》一式两份。

d. 未按本条例申报，科室擅自开展"新技术"而发生意外医疗后果，造成医院损失的，按有关规定严肃处理。

e. 医疗新技术审批的有效期限为一年。

f. 医疗技术管理委员会每年年底对医疗新技术进行评审。

（3）医疗技术中止管理。

以下情形之一的，应立即停止实施，并立即向医务部报告：

①当该技术的主要专业技术人员或者关键设备、设施及其他辅助条件发生变化，不能正常临床应用的，或发生与技术项目直接相关的严重不良后果的，应当立即中止临床应用并报医务部。

②当该技术有关专业技术人员或者设备、设施、辅助条件发生变化，可能会对临床应用带来不确定后果的，应当立即中止临床应用并报医务部。

③准入后 1 年内没有在临床应用的，及时报医务部，评估符合规定后，方可重新开展。

（4）医疗技术操作权限管理。

①手术权限：本院医生手术权限参照《××省各级综合医院手术分类及批准权限规范》执行。

②麻醉权限：参照美国麻醉医师协会（ASA）病情分级标准，将病情分为Ⅰ~Ⅵ级。麻醉医师麻醉权限根据病情分级确定，低年资住院医师在上级医师指导下可开展 ASA Ⅰ~Ⅱ级的麻醉，高年资住院医师在上级医师指导下可开

展 ASA Ⅱ~Ⅲ 级的麻醉，低年资主治医师可独立开展 ASA Ⅱ~Ⅲ 级的麻醉，高年资主治医师可独立开展 ASA Ⅲ~Ⅳ 级的麻醉，低年资副主任医师可独立开展 ASA Ⅳ~Ⅴ 级的麻醉，高年资副主任医师及主任医师可开展各种级别的麻醉。

③介入权限：具有 3 年以上专业诊疗工作经验，主治医师以上职称，可开展综合、外周血管、心血管疾病介入操作。

④内科腔镜权限：满 3 年主治医师以上职称的医生可以单独操作，未满 3 年的可在上级医生指导下进行操作。

⑤超权限手术管理：个人提出申请→科室讨论同意→由医疗安全办提出近 3 年内该医生医疗纠纷及医疗事故发生情况，再报医务部→由医疗技术管理委员会综合考评合格→医院审查同意→报省级卫生行政部门备案。

37. 医疗技术损害处置预案

（1）立即消除致害因素。

（2）迅速采取补救措施。

（3）尽快报告。

（4）组织会诊协同抢救

（5）迅速收集并妥善保管有关原始证据。

（6）妥善沟通，稳定患方情绪，争取患方配合。

（7）如患者已经死亡，应在规定时限内向其亲属正式提出并送达书面尸检建议，并力争得到患方书面意见。

（8）全面检查、总结教训，找出技术损害发生的原因，制定改进措施，修订制度，及时完善相关记录。

（9）如属医疗过失，应当区分直接责任和间接责任，依照法律法规和相关规章制度对责任者做出合理处理。

（10）医疗安全办做好医疗事故技术鉴定或应诉准备。

（11）因技术损害构成医疗事故者，按照《医疗事故处理条例》规定程序进行处理。当有扰乱医疗秩序情况时，组织力量维护医疗秩序，保护医院设施。

（12）当发现技术损害与技术或药品器材本身缺陷有关，或同类损害重复出现或反复出现时，暂停使用该项技术或有关药品器材，并对其认真地进行研讨和重新评估，必要时报告省属卫生行政部门和湖南省辖区的中南大学医政管理处。

38. 医技科室检查结果回报时间

医技科室合理排班，在患者高峰期实行弹性工作制，周六、周日加班等措施缩短超声预约时间。开具检查申请单到出具检查结果时间符合相关要求：明确急诊检验报告时间，临检项目≤30分钟出报告，生化、免疫项目≤2小时出报告。急诊检验项目100%在规定时间内出报告。临检常规项目≤30分钟出报告。生化、免疫常规项目≤1个工作日出报告。微生物常规项目≤4个工作日。明确规定"特殊项目"清单，原则上不应超过2周时间，提供预约检测。常规制片应在取材后1~2个工作日内完成。单件标本的冷冻切片制片在15分钟内完成，病理诊断报告在30分钟内完成。病理诊断报告应在5个工作日内发出≥85%，疑难病例和特殊标本除外。细胞病理诊断报告在2个工作日内发出，疑难病例和特殊病例除外。

39. 手术部位识别标示制度及流程

（1）由手术医生或管床医生负责手术部位标记。

（2）按各科统一的方法进行标记：

①通用标记方法：剖腹手术用"一""｜"标示，腹腔镜用"＋"，乳腺手术用"＋"。

②特殊标记方法：

a. 妇科：阴式手术（含宫腔镜手术）在下腹耻骨联合上方用"↓"标示。

b. 剖宫产手术按要求进行标记。

③涉及有双侧乳腺手术时，对手术侧或部位用记号笔以"＋"标示。

（3）标示识别：病房接手术患者，与患者或亲属共同确认手术部位，无手术部位标示的患者不接进手术室。麻醉开始前根据手术标来严格进行三方核查。

40. 手术医生定期能力评价与再授权制度

（1）考核组织

医务部具体负责制定手术医生资质准入制度及手术评价标准、手术医生的技术考核、外科手术评价、手术医生的手术分级审定，监督管理手术医生资质准入制度的执行，协调制定手术分类及手术医生资质准入范围和标准，定期和不定期考核手术科室执行情况。相关科室成立以科主任为组长的科室手术医生资质分级评定小组，具体负责本科室手术医生能力评价与再授权工作。

（2）手术医生定期能力评价

1）手术医生能力评价周期为每年度评价一次。

2）评价标准：

①对本级别手术种类完成80%以上，且未发生医疗过错或事故者，可授予同级别手术权限。②预申请晋升高一级别手术权限的医生，除达到完成本级别手术80%以上条件外，尚同时具备以下条件：

a. 获得相应手术级别的卫生专业技术资格任职年限。

b. 承担本级别手术时间满两年度。

c. 承担本级别手术期间无医疗过错或事故发生（以本院医疗质量安全管理委员会讨论结果为准）。

d. 在上级医生指导下完成高一级别手术5例以上者。

③当出现下列情况之一者，取消或降低其手术操作权限：

a. 达不到操作许可必需条件的；

b. 对操作者的实际完成质量评价后，经证明其操作并发症的发生率超过操作标准规定的范围者；

c. 在操作过程中明显或屡次违反操作规程；

d. 承担本级别手术期间发生2次或2次以上医疗事故或过错的；

e. 在实施本级别手术期间，存在2次或2次以上非计划再次手术记录的，当年度手术医生能力评价视为不合格，本年度不得晋升上一级别手术资质；

f. 在实施本级别手术期间,若发现有越级手术或未经授权擅自开展手术的案例者,当年度手术医生能力评价视为不合格,本年度不得晋升上一级别手术资质。

（3）评价程序

①科室手术医师资质评定小组,根据上述规定,对科室开展的手术进行梳理、讨论,对手术医生资质进行评定,拟定新年度各级手术级别及于术范围并填写《有创诊疗技术定期能力评价与再授权表》,提交务部审核。

②医务部复核认定后,再次授予相应手术级别。

③申请晋升高一级别手术权限的医生,需书写述职报告,并填写《手术权限申请表》,经科室手术医生资质评定小组讨论通过后报医务部审核。

④医务部组织医疗技术管理委员会,对其进行理论及技能考核评估,授予高一级别手术权限。

⑤对取消或降低其手术操作权限的医生,经科室手术医生资质评定小组讨论后,形成书面意见,报医务部讨论通过,授予相应级别的手术权限。

⑥手术医生能力评价与再授权结果院内公示。

⑦医务部备案。

（4）监督管理

①医务部组织医疗技术管理委员会履行手术医生能力评价与再授权工作的管理、监督职责。

②对违反本规定的相关人员调查处理,并按照医院的相关规定追究其责任。

41. 麻醉医师执业能力评价与再授权制度

实施麻醉的权限化管理,是确保麻醉安全的有效措施,是麻醉分级管理的根本目的。依据本院《麻醉医师资格分级授权管理制度》的规定,对麻醉医师资格分级授权实施动态化管理。

（1）麻醉医生能力评价:麻醉医生能力评价时间为每两年度复评价一次,评价标准为:

①对本级别麻醉种类完成 100% 者，并达到科室规定的数量者，可视为能力评价合格，可授予同级别麻醉权限；对某些种类麻醉数量不足，但其他麻醉的数量充足者，也可视为能力评价合格。

②预申请高一级别麻醉权限的医师，除达到本级别麻醉种类完成 80% 以外，尚同时具备以下条件：

a. 符合受聘卫生技术资格，对资格准入麻醉，麻醉者必须是已获得相应专项麻醉的准入资格者；

b. 在参与高一级别麻醉中，依次从副麻到主麻做起，分别完成该级别麻醉 5 例者；

c. 承担本级别麻醉时间满两年度；

d. 承担本级别麻醉期间无医疗过错或事故主要责任（以院医疗质量管理委员会讨论结果为准）。

（2）麻醉医师权限的动态管理

①根据麻醉医师级别变动及实际工作能力的提高，科室管理小组将适时组织麻醉权限的再评估工作，并在履行申请审批程序后，扩大申请医师相应的麻醉权限。

②一般情况下麻醉医师不得超权限实施麻醉，否则给予通报批评或降低、暂停麻醉权限 3 个月至 1 年等处罚。

③对德才兼备、业务能力较强的麻醉医师，经科室麻醉管理小组、医务部、主管院长研究同意后，可适当放宽麻醉范围，但应在上级医师指导下进行，防止发生意外。

（3）当出现下列情况之一者，取消或降低其麻醉权限

①达不到能力许可必需条件的；

②对操作者的实际完成质量评价后，经证明其麻醉并发症的发生率超过标准规定的范围者；

③在医疗过程中明显或屡次违反操作规程的。

（4）麻醉医师执业能力评价工作程序

①科主任组织科内专家小组，根据上述规定，确定各级麻醉医师麻醉分

级,填写"麻醉医师资格准入申请表",提交医务部。

②医务部复核认定后,提交医院专家委员会讨论通过。

③符合申请高一级别麻醉权限的医师,书写述职报告,填写"麻醉医师资格准入申请表",交本科室主任。

④科主任组织科内专家小组对其技术能力讨论评价后,提交医务部。

⑤医务部组织相关专家小组,对其进行理论及技能考核评估,提交医院专家委员会讨论通过。

⑥对取消或降低其麻醉操作权限的医生,科主任组织科内专家小组讨论,形成书面意见后,报医务部提交医院专家委员会讨论通过并签批。

⑦麻醉医师能力评价与再授权结果院内公示。

⑧医务部备案。

(5)麻醉医师的监督管理

①医务部履行麻醉医师能力评价与再授权工作的管理、监督职责。

②对违反本规定的相关人员调查处理,并按照医院的相关规定追究其责任。

(6)麻醉医生麻醉权限的再授权机制

①被降低、限制麻醉权限或暂停执业的麻醉医生,医院将责成本科室的管理小组对其进行考察,考察时间为3个月至1年不等。

②考察期满后,管理小组对被考察医生再次进行麻醉权限评估。

③根据评估结果,如管理小组认定被考察医生可以再申请或恢复相应麻醉权限,需填写《麻醉医师权限再授权申请表》,并经申请医师、科主任签名确认后报送医务部。

④医务部对再授权申请进行审核,并提请医院专家管理委员会讨论同意后方可对该医师的麻醉权限进行再授权。

42. 控制医院输血严重危害(SHOT)的方案

(1)目的

为了控制医院输血严重危害(输血传染疾病、输血不良反应、输注无效),

以保障受血者安全。

（2）适用范围

适用于临床科室医护人员、输血科及业务主管部门对输血严重危害的控制。

（3）控制程序

①控制输血严重危害的程序。

a. 贯彻落实《医疗机构临床用血管理办法》和《临床输血技术规范》等法规要求，医院临床输血管理委员会负责全院临床输血管理，对临床输血全过程进行规范化管理。

b. 临床用血来源于卫生行政部门指定的采供血机构，不自行采血（自体输血除外）。

c. 加强输血法规的教育和输血相关知识的培训，输血的医护人员经培训能识别潜在的输血不良反应症状。

d. 严格掌握输血适应证，提倡科学合理用血和自体输血。

e. 有确定识别输血不良反应的标准和应急措施。

f. 血液入库、发放和输血过程中应认真核查血液标签、血液外观、血袋封口及包装等，严格执行输血相关操作规程。

g. 储血冰箱内严禁存放其他物品；每周消毒 1 次；冰箱内空气培养每月 1 次。

h. 输血前由两名医护人员核对交叉配血报告单及血袋标签各项内容，准确无误方可输血。

i. 加强医院消毒与清洁管理，明确规定消毒与清洁的区域、设施设备和物品及其消毒清洁方法和频次，保持工作区域卫生符合国家相应要求。

j. 加强一次性使用输血器具等物品的管理，使用后及时按医疗废物管理规定消毒焚毁。

k. 按照《临床输血技术规范》要求，患者输血前做好经血传播疾病项目（HBsAg、抗－HCV、抗－HIV、梅毒螺旋体抗体等）的检测，并保存相关原始资料。

l. 对患者输血前经血传播疾病检测项目（HBsAg、抗–HCV、抗–HIV、梅毒螺旋体抗体等）为阳性结果者，主治医师应及时告知患者和亲属或监护人，检测结果和对患者的谈话内容、时间、患者或其亲属签名等应记录在病历中。

②输血严重危害的处置方案。

a. 输血严重危害指输血过程中或输血后发生的与输血有关的不良反应，包括输血反应、经血传播疾病、输注无效等。

b. 临床医生应详细了解受血者的输血史、妊娠史及输血不良反应的临床表现，以便迅速做出初步诊断，必要时请输血科技术人员协助诊断。

c. 一旦出现输血不良反应立即停止输血，保持静脉通路，并完整地保存未输完的血液和输血器材待查。

d. 如发生非溶血性发热反应立即停止输血，对症处理后症状缓解；若患者仍需输血，应改输少白细胞红细胞或洗涤红细胞。

e. 一旦出现可能为速发型输血反应症状时（不包括风疹和循环超负荷），立即停止输血，积极救治患者，并调查其原因。执行《输血不良反应处理程序》。

f. 怀疑过敏、溶血、细菌污染等原因引起的输血反应，执行《输血不良反应处理程序》。

g. 怀疑为经血传播的疾病，应执行《输血传染疾病处理程序》。

h. 医护人员应逐项填写《输血不良反应回报单》交输血科保存。

i. 输血后受血者和供血者标本于2℃~6℃保存至少7天，以便出现输血反应时重新进行测试。

j. 输血科应根据既定程序调查发生不良反应的原因，确定是否发生了溶血性输血反应，立即查证。

k. 输血科主任负责解释上述试验结果并永久记录到受血者的临床病历中。

l. 当输血反应调查结果显示存在血液成分管理不当等系统问题时，输血科主任应积极参与解决。

43. 手术用血制度

（1）所有的手术患者必须做术前备血。

（2）配血标本提前 24 小时送至输血科。

（3）紧急输血时按本院《大量输血方案》及紧急用血相关制度执行。

44. 临床用血管理制度

（1）医院成立临床输血管理委员会，由医院领导、业务主管部门、输血科及相关科室负责人组成，每年至少召开两次临床输血管理委员会会议。

（2）医院设立输血科，在医院分管领导及临床输血管理委员会的领导下开展工作，负责临床用血管理的具体业务。其主要职责：

a. 血液收发和输血前相容性检测。

b. 医院临床用血计划的申报。

c. 配合职能部门对临床用血制度执行情况进行检查，参与临床用血事件的调查。

d. 负责临床用血的技术指导和技术实施，确保科学、合理用血措施的执行，保障临床用血规范。

e. 参与临床有关疾病的诊断、治疗与科研。

（3）医院临床用血由××市血液中心供给，不得私自组织血源、采集血液及单采血浆。用血科室应积极开展自体输血工作，临床医师做好无偿献血、互助献血的宣传动员。

（4）医院加强临床医师输血知识的教育培训，促进医院规范、合理、节约用血，杜绝血液浪费和滥用，依照《医疗机构临床用血管理办法》《临床输血技术规范》要求严格掌握输血适应证；医院应积极推行成分输血，成分输血率应当达到卫生行政部门门规定的标准。

（5）临床医生应严格执行《医疗机构临床用血管理办法》和《临床输血技术规范》，做到规范用血、合理用血，节约用血和安全输血；输血申请由主治医师以上职称填写《输血申请单》，按要求逐项填写完整，标明输血适应证，按要求审核签字后，交输血科配血、备血。

（6）临床用血前，经治医生应根据《临床输血技术规范》要求对患者进行输血相关传染性指标检测，对符合输血指征的患者，应当向患者或其亲属告知输血目的、可能发生的输血反应和经血液途径感染疾病的可能性，由医患双方共同签署《输血治疗同意书》。对无亲属签字的无自主意识患者的紧急输血，须经主治医师报医院职能部门或主管领导同意、备案，并记入病历。

（7）医院制定输血科发展规划，加强对输血科内部质量的管理；建立健全输血科各项规章制度和检测项目标准操作程序，并确保制度及操作规程的落实。

（8）医院建立血液冷链管理制度，实施血液储存、运输管理程序，保证血液温度从采供血机构发出至医疗机构整个运输过程处于全程监控中，并逐步建立和完善血液冷链设备的温度监控系统。

（9）临床用血由医护人员或经严格培训的专门人员，携带专用血液运输箱领取；血液的采集、取血、输血前的核对应按规定严格执行。

（10）输血科在接收输血标本后，按规定尽快完成输血前相容性检测并通知临床科室取血。

（11）取回的血液应尽快输用，不得自行储血。临床科室医护人员给患者输血前，应严格执行核对手续，由两名医护人员床边核对无误签字后，方可进行输血；输血护理记录应包括每袋血液输注开始、结束的时间、输血15分钟及输注过程中有无输血反应等情况。

（12）如出现输血反应等情况，按医院处理措施及上报制度进行操作，并详细记入病程记录。

（13）临床输血完毕后，应将输血记录单贴在病历中，并按规定完成病历书写。

（14）医院建立临床急救用血制度，在医院临床输血管理委员会领导下，统一调度，确保临床的急救用血。

①急救用血按医院规定的绿色通道执行，事后按规定补办各项用血手续。

②输血科应积极支持和配合，确保血液供应，要有24小时为临床提供血

液的应急能力。

③与供血机构保持动态联系，掌握血液的储备情况，以便统一调度。

④在紧急情况下，重点保证临床急救用血，严格控制平时诊疗、择期手术的临床用血。

⑤积极开展和应用临床输血新技术与自体输血，保障急救用血。

(15)医院建立临床用血管理考核制度，定期由医务部负责组织对临床科室用血情况的考核，并纳入病历质量考核；考核结果作为评价医生个人工作业绩的重要内容。对没有遵照临床用血管理制度及操作规程执行，或在临床输血过程中由于医务人员过失，造成不良后果的，由医院依据相关规定进行处理。

(16)医院做好输血医学文书的存档保管工作，输血科对输血申请单、输血反应回报单以及血液出入库、核对、领发的登记资料需保存十年。其他临床用血的医学文书资料随病历保存。

45. 临床用血审核制度

(1)输血科必须在指定的采供血机构申请血液，血液入库必须核对。观察血液外观、血袋封口及包装是否合格，根据不同的储存条件分类保存，标识明显，有储存温度记录。

(2)血液资源必须加以保护、合理应用，避免浪费，杜绝不必要的输血。

(3)输血科负责临床用血的技术指导和技术实施，确保血液储存、配血和其他科学、合理用血措施的执行。

(4)输血前，应向患者或其亲属说明不良反应和经血传播疾病的可能性，征得同意签字。《输血治疗同意书》入病历。无亲属签字的无自主意识患者的紧急输血，应报医务部或分管院长同意备案并记入病历。

(5)输血申请应由中级职称医师填写《临床输血申请单》，由上级医生核准签字。

(6)用血申请逐级审批。同一患者一天申请备血量：

①<800 mL 的，中级职称的医生提出申请，上级医生核准签发后，方可

备血。

②800~1600 mL，中级以上职称医生提出申请，上级医生审核，科主任核准。

③≥1600 mL，中级以上职称医生提出申请，科室主任核准签发后，报医务部批准。

④以上不适用于急救用血，但必须在《临床输血申请单》上注明"急救用血"并签名。

（7）输血科临床用血计划向血液中心预约血液，以保证临床用血量。

（8）配血合格后，由医护人员到输血科取血。取血与发血的双方必须共同查对患者姓名、性别、住院号、床号、血型、血液有效期及配血试验结果，以及保存血的外观、密封等，准确无误时，双方共同签字后方可发出。

（9）若出现输血反应，疑为溶血性或细菌污染性输血反应，应立即停止输血，用静脉注射0.9%氯化钠注射液维护静脉通路，及时报告上级医生，由主管医生向输血科说明情况，在积极治疗抢救的同时，做以下核对检查：

①核对用血申请单、血袋标签、交叉配血试验记录。

②核对受血者及供血者ABO血型、Rh（D）血型。用保存于冰箱中的受血者与供血者血样、新采集的受血者血样、血袋中血样，重测ABO血型、Rh（D）血型、不规则抗体筛选及交叉配血试验（包括盐水相和非盐水相试验）。

③立即抽取受血者血液加肝素抗凝剂，分离血浆，观察血浆颜色，测定血浆游离血红蛋白含量。

④立即抽取受血者血液，检测血清胆红素含量、血液游离血红蛋白含量、血浆结合珠蛋白测定、直接抗人球蛋白试验并相关抗体效价，如发现特殊抗体，应做进一步鉴定。

⑤如怀疑细菌污染性输血反应，抽取血袋中血液做细菌学检验。

⑥尽早检测血常规、尿常规及尿血红蛋白。

⑦必要时，溶血反应发生后5~7小时测血清胆红素含量。

（10）输血完毕，医护人员对有输血反应的应立即通知输血科，并逐项填写患者输血不良反应回报单，交输血科保存。输血科每月统计上报医务部备案。

（11）输血科保证入、出库、库存血量账目清楚，认真保管，非经院领导批准，不得私自销毁。

46.疑难危重孕产妇救治制度（以××省级妇幼保健院为例）

（1）组织领导

①疑难危重孕产妇抢救领导小组

组　　长：_____。

副组长：_____。

成　　员：_____。

②疑难危重孕产妇抢救专家组

组　　长：_____。

成　　员：_____。

③医务部、护理部负责日常工作管理，下设专干一名。

医务部专干：_____。

护理部专干：_____。

（2）工作职责

①疑难危重孕产妇抢救领导小组；

②疑难危重孕产妇抢救专家组：负责会诊和抢救；参加疑难危重孕产妇死亡评审讨论会，完善抢救转诊流程，加强技术培训与实战演练，并对分片医疗机构定期进行技术指导。

（3）院内疑难危重孕产妇救治预案

①院内疑难危重孕产妇观察制度

a.要严密观察病情，及时诊治和组织抢救。

b.高危孕产妇入院时制订治疗方案，根据病情变化及时调整，及时组织抢救。

c.门诊发现危重孕产妇要马上通知病房，接诊医生护士要亲自护送孕产妇到病房。

d.按照院内疑难危重症孕产妇三级预警管理方案实施。

②急诊接诊制度

a.急诊科接诊疑难危重孕产妇后，应详细了解病情尤其是有无内外科合并症，通知产科值班医生接诊，必要时通知产科二线值班医生和急诊科主任亲自查看服务对象。一旦发现疑难危重孕产妇后，即开通"危重孕产妇救治绿色通道"，首诊科室负责通知各相关科室，各科室应积极协作，保证救治通道畅通。

b.检查、检验科室接到危重孕产妇抢救通知的检查、检验项目须以最快的时间完成相关检查、检验，及时出具报告，并标明接受标本时间及发报告时间（要求具体到分钟）。

c.需要多科协作和综合医院技术支援的，应及时通知医务部或医院"疑难危重孕产妇抢救领导小组"，负责人员调度、联络、求援。

d.需要急诊手术的孕产妇，急诊科应在通知产科值班医生的同时，做必要的手术准备；手术室必须在最短时间内安排手术；相关科室按照医院手术分类及权限要求安排手术。

e.疑难危重孕产妇原则上收治产科，如出现科室无床不能收治等特殊情况，值班医生应逐级上报，由值班三线医生或科主任协调解决，如协调解决困难，应上报医务部，由医务部根据服务对象病情，协调院内相关科室暂时收治，其他专科应积极配合。

f.经医务部积极协调后仍无法收治的危重孕产妇，须由值班二线医生确认其病情允许，报医务部同意后方能转院，相关科室、医务部、医院总值班室均应详细记录事情处理经过。

g.需要转诊的要报请医务部同意。转送时必须有医务人员护送，向转诊医院报告患者情况，以便做好接诊准备工作。送到后护送人员应在介绍完病情并办理好相关转诊手续后方可离开。

h.急诊救治流程图（图5-2）：

（4）院外疑难危重孕产妇转诊及会诊制度

①24小时预约转诊联系人为急诊科医生，联系电话＿＿＿＿＿＿＿。按

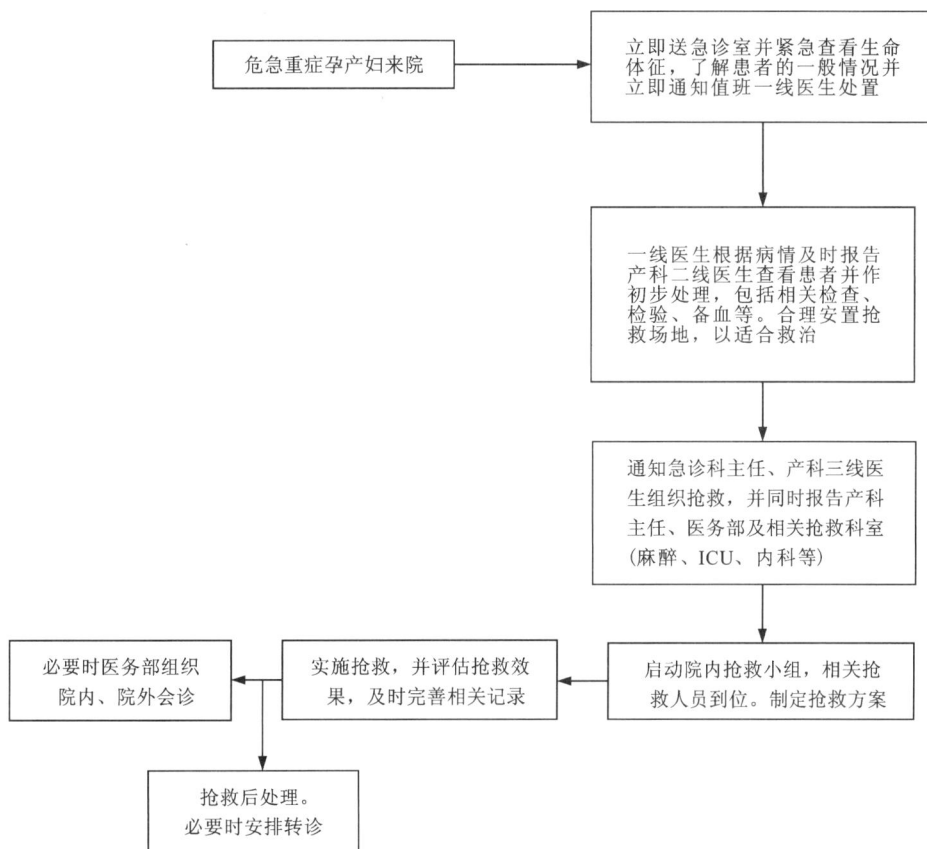

图 5 - 2　急诊救治流程

照《××省疑难危重孕产妇救治与转诊工作方案（试行）》规定，省部直医疗卫生单位对全省疑难危重孕产妇实行分片、分病种救治。本院负责接收××市、××市、××区产科并发症、分娩期合并症的转诊和会诊服务。

②紧急转诊：直接联系医务部或医院总值班室，必要时联系以下人员：

医务部： 专干电话＿＿＿＿＿＿＿＿。主任电话＿＿＿＿＿＿＿＿。

③相关人员接到转诊电话后，应详细询问，记录服务对象情况，做好接诊准备，同时通知产科。特殊情况及时报告医务部，并在专用登记本做好记录。

④转诊接收住院者，在该患者结束本院治疗后，应完善"××省疑难危重孕产妇转诊、反馈单"，此表纳入病历保存，同时复印一份反馈至转出医院。

（5）院外会诊指导流程：

普通会诊按卫生行政部门规定执行，由医务部通知会诊值班专家完成会诊任务；急会诊医务部应要求邀请方同时向本院简述患者病情及救治工作中的主要困难，并做好记录；用电话等形式提出会诊邀请的，应要求邀请方及时补办书面手续，会诊完毕后交专家带回本院医务部。

被通知的专家接到会诊通知后应立即出诊，如有困难应及时提出，医院将给予支持，并提供交通、工作便利。

（6）医务部和产科与转诊地区相关部门及对口支援单位、技术指导单位应定期联系、通报并协调相关工作，畅通疑难危重孕产妇会诊、转诊与抢救绿色通道。

47. 疑难危重症孕产妇三级管理方案

表 5 - 1 　疑难危重症孕产妇三级管理方案如下表

评估分类	疾病	标识	处理
一级预警——病情极严重，严重危及母子生命，甚至需要高级生命支持	1.3 个脏器功能受损，重症感染，生命体征不平稳； 2. 妊娠并发症：重度子痫前期并发脑血管意外、高血压危象、子痫（持续昏迷）、难治性产后出血、羊水栓塞等； 3. 妊娠合并症：肺动脉高压、重症肺炎、哮喘持续状态、呼吸衰竭、重症肝炎、出血坏死性胰腺炎、酮症酸中毒、甲亢危象、血小板 $< 20 \times 10^9/L$、极重度贫血、内出血、肝性脑病、恶性肿瘤等。	病区护士站一览卡、病历牌、床头等贴红色标签	1. 告病危，持续生命体征监测； 2. 治疗组长（二值、三值）报告科主任； 3. 科主任（二值、三值）报告医务部； 4. 医务部组织院内讨论，共同拟定治疗方案； 5. 视情况请院外专家会诊； 6. 转重症医学科。

续表 5 –1

评估分类	疾病	标识	处理
二级预警——病情严重，严重危及母子生命	1. 脏器功能受损，感染，生命体征不平稳； 2. 妊娠并发症：重度子痫前期并发心衰、子痫、产后出血、胎盘早剥、凶险型前置胎盘； 3. 妊娠合并症：心功能Ⅳ级、右向左分流型先心病、严重心律失常、风湿热活动期、慢性肾脏疾病伴严重高血压、肾功能不全、并发严重并发症。	病区护士站一览卡、病历牌、床头等贴橙色标签	1. 告病危或病重，持续生命体征监测； 2. 治疗组长（二值、三值）报告科主任； 3. 科主任组织科内或请院内相关专科专家参加讨论，共同拟定治疗方案； 4. 转相关学科。
三级预警—病情较重，极有可能危及母子生命	1. 妊娠并发症：三胎妊娠，Rh 血型不合，中央性前置胎盘、子痫前期、羊水过多等； 2. 妊娠合并症：心脏病变较严重、心功能Ⅱ～Ⅲ级、心肌炎后遗症较严重的心律失常、胸廓畸形、哮喘伴肺功能不全、急性肾盂肾炎、水肿型胰腺炎、慢性肾功能不全失代偿期、病情未稳定的甲状腺疾病、血小板减少（PLT $< 50 \times 10^9/L$）、重度贫血、癫痫、SLE[①]。	病区护士站一览卡、病历牌、床头等贴黄色标签	1. 告病重，Q4 h 监测生命体征； 2. 治疗小组负责人组长报告病区主任； 3. 病区主任组织可能讨论，共同拟定治疗方案； 4. 请院内相关专科专家会诊。

（1）三级预警处理流程

一级预警：病情危重，严重危及母子生命，甚至需要高级生命支持，估计

---

① SLE：systemic lupns erythematosus 系统性红斑狼疮

6 小时内病情会变化。

二级预警: 病情危重, 危及母子生命, 估计 12 小时内病情会有变化。

三级预警: 病情重, 可能危及母子生命, 估计 24 小时内病情会有变化。

(2) 启动三级预警的标准

表 5-2 三级预警启动的标准

	如果服务对象出现下列任何预警迹象, 启动三级预警管理
意识改变	淡漠; 谵妄; 烦躁不安; 神志不清; 乱语
呼 吸	$SpO_2 < 90\%$; RR >20 次/分或 <12 次/分
循 环	收缩压 <90 mmHg 或 >180 mmHg; HR <60 次/分或 >120 次/分
泌 尿	尿量 <17 mL/h
运 动	肢体活动受限; 抽搐发作
血 液	血小板 $< 20 \times 10^9/L$; Hb <60g/L; APTT 延长 2 倍以上; 不明原因的出血
检 验	pH <7.3 或 >7.5; $[K^+] < 3$ mmol/L 或 >6 mmol/L; $[Na^+] < 125$ mmol/L 或 >155 mmol/L; $[Mg^+] < 0.4$ mmol/L 或 >2.0 mmol/L; 血糖 <3.5 或 >12 mmol/L
胎 心	胎心 <110 次/分或 >180 次/分
腹 痛	不明原因的腹痛

SpO_2, 血氧饱和度; HR

(3) 院级快速反应团队组成分工

①医务部护理部快速反应团队

组 长: ＿＿＿＿＿＿＿。

一组(单日): ＿＿＿＿＿＿＿。 二组(双日): ＿＿＿＿＿＿＿。

②产科快速反应团队

组 长: ＿＿＿＿＿＿＿。

一组(单日): ＿＿＿＿＿＿＿。

二组(双日)：_____。

③麻醉 ICU 快速反应团队

组　　长：_____。

护理组长：_____。

一组(单日)：_____。

二组(双日)：_____。

48.申请多学科会诊的条件

申请多学科会诊的条件有：①门诊患者同时就诊多个专科或在一个专科就诊 2 次以上未明确诊断者；②门诊患者所患疾病诊断较为明确，但病情涉及多学科、多系统、多器官需要多个专科协同诊疗者；③外院转来的疑难病患者；④多项病理检查结果阳性的患者。

可进行**会诊申请**：①首诊医生在完善检查的基础上，征得患者或亲属同意后，转诊多学科联合门诊，患者至服务中心办理预约手续；②患者或其亲属主动要求疑难病会诊的，可携带就诊资料直接到服务中心办理预约手续；③根据患者的病情及要求，医务部确定会诊时间，并通知会诊专家，服务中心联系患者告知会诊时间、地点。

49.急诊科三甲复核应知应会内容

(1)服务时限

急诊科、急诊检验、影像检查、药剂科等实行"7 天×24 小时"服务。

(2)急诊绿色通道

①建立院前急救与院内急诊"绿色通道"，明确界定急诊科、各医疗保健科室、各医技科室与药学部门等科室的职责与配合的流程。有效衔接的工作流程。急诊服务体系中相关科室(包括急诊科、各专业科室、各医技检查科室、药学部门以及挂号与收费等)责任明确，各司其职，确保患者能够获得连贯、及时、有效的救治。

②有"绿色通道"病情分级和危急重症优先诊治的相关规定，保证急诊手

术流程畅通。

③对高危孕产妇提供连续服务，孕期保健门诊、高危孕产妇门诊、急诊科、产房、产科病房、手术室、重症监护病房、新生儿病房、产后门诊等相关部门衔接流畅。

④有危重孕产妇紧急救治的绿色通道和孕产妇抢救工作流程、危重孕产妇急救应急预案并实施演练。

⑤有急诊剖宫产绿色通道，确诊后30分钟内到达手术室。

⑥定期开展产科质量自我评估与分析，对危重孕产妇紧急救治的绿色通道和孕产妇抢救工作流程、危重孕产妇急救应急预案的实施效果进行分析评估。

⑦专人负责管理存放于急诊科、各病房（区）的急救室（车）、手术室及各诊疗科室的急救等备用药品，且有管理和使用的制度与领用、补充流程。

⑧急诊科固定的急诊医生不少于在岗医生的75%；急诊科固定的急诊护理人员不少于在岗护理人员的75%；

⑨急诊有明确的质量与安全指标：①接受急诊诊疗总例数与死亡例数；②急危重症例数与死亡例数；③急诊高危患者(符合住院指征的高危孕产妇、妇产科出血、异位妊娠、卵巢囊肿破裂或蒂扭转、子宫破裂、子痫、前置胎盘出血、产后出血、儿童高热惊厥、心力衰竭、新生儿危重症等)在"绿色通道"停留时间；④急危重症患者收住院比例(％)。医护人员定期技能再培训，不断提高急诊抢救水平。

（3）急诊制度落实

①落实首诊负责制，急危重症患者实行"先抢救、后付费"。

②落实急会诊制度，急会诊时间不超过10分钟，会诊人员具备相应资质，会诊时限符合规定，会诊记录完整。

③建立异位妊娠、胎盘早剥、前置胎盘出血、子痫等重点病种的急诊服务流程，重点病种患者紧急会诊和优先入院抢救。

④急诊患者转科交接时执行身份识别制度和流程，急诊与病房和手术室之间有护理交接单。

⑤对无法进行患者身份确认的无名患者，急诊患者由接诊护士临时命名，命名方式为××年×月×日×时间（具体到分钟）＋无名氏＋字母（按英文字母顺序书写）。例如：201106081830 无名氏 A 作为其姓名，记录在腕带上，身份识别方式为姓名＋医卡通号。待患者姓名及身份明确后，由医生或护士按患者信息更正修改。

⑥医疗器械部门及保障部门能为急诊抢救工作提供"24 小时×7 天"连贯不间断的抢救设备、后勤保障支持服务。

⑦急诊留观时间原则上不超过 72 小时。对急诊留观时间超过 72 小时的患者有管理协调机制，及时妥善处置。

⑧急诊抢救患者优先住院。

⑨急救设备完好率 100%，处于应急备用状态，有应急调配机制。

⑩急诊高危患者在"绿色通道"平均停留时间小于 60 分钟。

⑪有"绿色通道"病情分级和危急重症优先的诊治的相关规定，保证急诊手术流程畅通，并有妥善处理如下患者的工作流程：

a. 特殊人群："三无"人员、可疑急性呼吸道传染病隔离者。

b. 特殊病种：异位妊娠、子痫、前置胎盘出血、胎盘早剥。

c. 群体性(3 人以上)伤、病、中毒等情况。

⑫患者在急诊抢救室留置一般不超过 24 小时。

⑬急诊科医生有权按规定开具急诊患者住院票，任何科室不得拒收，如发生拒收，一切后果由拒收科室负责。

⑭当病情涉及多个学科，收治去向有争议时，由急诊科主任决定，必要时由医务处、门诊部裁决。

⑮病情危重的患者办理住院手续后，分诊护士在其住院票上加盖"危重"章，所住病房接到加盖"危重"章的住院手续后，应立即派医师前来接服务对象。

⑯医保患者如病情复杂，涉及多学科，收治去向有争议时，由急诊科主任决定后加盖"绿色通道"章，任何科室不得拒收。

⑰急诊科实行首诊负责制，由分诊护士指定就诊科室，各科医生不得拒

诊。有争议时，由急诊科主任或门诊部、医务处行使决定权。

⑱凡遇有下列情况急救时急诊值班医生应向急诊科主任汇报，并向医务处、门诊部、医院行政值班室或医院领导报告：

a. 接诊"三无"人员（向民政部门汇报）；

b. 有涉及法律问题或存在医疗纠纷隐患的患者；

c. 经费不足但需立即抢救、住院或手术的患者。

⑲各临床科室每天必须留出 1~2 个床位优先收治急诊患者。

⑳在急诊科的整个医疗活动中，必须履行三级医生负责制。

㉑凡由 120 转送至急诊科的患者，由分诊护士护送至急诊抢救室，先诊治抢救，后挂号交费。

㉒急诊"绿色通道"指医院抢救急危重症患者中，为挽救其生命而设置的畅通的诊疗过程，该通道的所有工作人员，应对进入"绿色通道"的患者提供快速、有序、安全、有效的诊疗服务。

㉓接诊医生决定患者是否享受绿色通道的服务，并上报相关行政部门或行政总值班室审批登记备案。

㉔各相关临床科室、医技科室（如特检科、检验科、放射科、药房等）及后勤部门（如电梯、住院收费处及陪检中心等），依据急诊科的绿色通道印章（样式见附件）应优先为患者提供快捷的服务。

㉕全院医务人员均有义务积极参加"绿色通道"的抢救工作，不得推诿服务对象，或对"绿色通道"的呼叫不应答。对干扰"绿色通道"的个人和科室，将追究责任。

㉖接诊科室遇到重大急救，病员较多时，应立即通知门诊部、医务处或行政总值班，并同时报告分管院长，以便组织全院力量进行抢救。

㉗突发事件（交通事故、中毒及其他重大突发事件）在分管院长的领导下，由医院门诊部、医务处及行政总值班进行协调安排，统一指挥，各相关科室必须服从指挥和安排。

㉘急诊科处置的患者，需要开通"绿色通道"时上班时间由主管医生、急诊科主任或护士长签字，开通"绿色通道"并签署《"绿色通道"申请单》，并立

即报门诊部审批登记备案,开具《"绿色通道"审批单》;非上班时间由急诊科主管医生签署《"绿色通道"申请单》,报行政总值班室同意登记备案,开具《"绿色通道"审批单》。

㉙《"绿色通道"审批单》一式三份,急诊收费处、急诊科和门诊部或行政总值班室各留置一份。

㉚进入"绿色通道"的患者需转入住院时,上班时间由医务处审批,非上班时间由行政总值班核实审批。

㉛医院无条件的接诊"三无"患者,任何科室和个人不得以任何理由拒绝救治。

㉜将"三无"患者纳入急诊绿色通道管理。严格执行"合理检查、合理治疗、合理用药"原则,保障救助对象得到基本诊治。需要立即手术或有创操作、检查等需要亲属签字的,由院方相关负责人代签。

㉝急诊门诊抗生素使用率不超过40%。

50. 急诊服务对象分诊、分级管理

(1)急诊预检分诊工作由熟悉业务、责任心强的高年资护士担任。

(2)分诊护士按患者的轻、重、缓、急进行合理分诊,分诊符合率应在90%以上。

51. 危急重症优先处置制度

(1)建立优先处置通道,符合条件者及时启动优先处置通道。进入"优先处置通道"的服务对象:是指各种休克、昏迷、心脏骤停,严重心律失常,急性重要脏器功能衰竭垂危者。

(2)"优先处置通道"的工作要求及诊疗程序如下:

①急诊科必须对所有急诊服务对象实行24小时应诊制和首诊负责制。

②送入急诊抢救室的服务对象,是否进入"优先处置通道",由抢救室的当班医生根据病情决定,凡进入"优先处置通道"的服务对象,不需办理挂号、候诊等手续,立即给予抢救,提供全程服务。

③进入"优先处置通道"的服务对象，各有关科室必须优先诊治和简化手续，各科室间必须密切配合，相互支持。

④危重患者优先入院抢救，由急诊科医生、护士护送，后补办住院手续。

⑤各专业科室每日预留 1～2 张床位。

⑥全院职工必须执行本院设立急诊"优先处置通道"的决定，凡对进入"优先处置通道"的服务对象如有发现推诿服务对象或呼叫不应、脱岗离岗的个人和科室，除按规定处理外，视对服务对象抢救的影响程序追究其责任。

（3）对群体伤及突发公共卫生事件病情危重者，急诊科在积极救治的同时要上报医务部（值班时间报总值班），必要时上报主管副院长、卫生行政部门。

52. 急诊留观管理和优先住院的制度

（1）凡暂不具备住院条件，但根据病情必须输液或留观的服务对象，可留急诊科观察、治疗，观察时间不超过 72 小时。

（2）门诊各诊室的服务对象在急诊科留观或输液治疗时，由门诊首诊医师全面负责服务对象的所有事宜，若病情有变化，应随叫随到。对服务对象的病情、诊断、疑似诊断、检查、注意事项的内容，应在下班时向急诊医生进行床头交接，且病历书写规范。

（3）急诊科医生应积极处理各科在急诊留观输液服务对象其病情变化时的情况，并联系首诊医生或请相关科室会诊，确保医疗安全。

（4）凡在急诊科就诊留观输液的服务对象，由急诊科医生进行床头交接，并做好记录。

（5）急症科注射室护士在治疗前首先查看门诊病历及注射证，详细了解病情，随时巡视病房，密切观察病情变化，并及时向首诊医生汇报，首诊医生应立即进行处理。

（6）如遇有专科性较强的疾病治疗时，门诊医生应根据情况收住专科，留观中请专科会诊。

（7）急诊科医生、护士应对留观室所有服务对象进行床头交接，详细了解观察服务对象病情变化及治疗情况,并做好详细记录。

(8)严格执行病历记录有关规定:凡收住观察室的病员,必须开好医嘱,按规定及时填写病历,随时记录病情及处理经过。要求用钢笔书写,力求通顺、完整。

(9)急诊患者优先住院制度:

①急诊科必须对所有急诊服务对象实行 24 小时应诊制和首诊负责制。

②送入急诊科的急诊服务对象,是否进入"优先住院制度",由急诊科的当班医生根据病情决定,凡进入"急诊患者优先住院制度"的服务对象,不需要办理挂号、候诊等手续,立即给予紧急处置,提供全程服务。

③进入"急诊患者优先住院制度"的服务对象,各有关科室必须优先诊治和简化手续,各科室间必须密切配合,相互支持。

④危重患者优先入院抢救,由急诊科医生、护士护送,后补办住院手续。

⑤各专业科室每日预留 1~2 张床位。

⑥全院职工必须执行本院设立急诊"急诊患者优先住院制度"的决定,凡对进入"急诊患者优先住院制度"的服务对象如有发现推诿服务对象或呼叫不应、脱岗离岗的个人,除按规定处理外视对服务对象抢救的影响程序追究其责任。

53. 卫生部"优质护理服务示范工程"活动

卫生部(现国家卫生健康委员会)在全国开展"优质护理服务示范工程"活动是从 2010 年开始的。

54. 卫生部"优质护理服务示范工程"活动的主题和目标

主题是:夯实基础护理,提供满意服务。
目标是:患者满意、社会满意、政府满意。

55. 优质护理服务的内涵

改革护理工作模式,实施责任制整体护理模式,切实加强基础护理,为服务对象提供全面、全程、专业、人性化的护理服务，通过科学的管理，调动护士工作积极性。

56. 三查八对一观察内容

三查：发药、注射、处置前查，备药时与备药后查，发药、注射、处置后查。

八对：对床号、姓名、药名、剂量、浓度、时间、用法、药品有效期。

一观察：观察用药后的反应。

57. 压疮风险评估与报告制度

（1）全体护理人员熟悉掌握压疮高危评分标准，结合服务对象情况，适时启动压疮危险因素评估。如笔者所在医院采用 Braden 压疮危险评估表，评分标准：最高 23 分，最低 6 分，15～18 分为低级危险，13～14 分为中度危险，10～12 分为高度危险，≤9 分为非常危险。

（2）压疮高危服务对象科室需填报压疮危险因素评估登记表，在服务对象入院 24 小时内（如遇节假日则于正常上班后的第一天）将评估表电子版经医院 OA 系统报护理部分管质量副主任和本片区部护士长。

（3）对压疮高危服务对象应采取积极的预防措施，在床头放置"压疮高危"醒目标识，并纳入交接班内容。

（4）院内发生、院外带入压疮应及时填写压疮报告和压疮高危评估表，并于 24 小时内（如遇节假日则于正常上班后的第一天）上报护理部分管质量副主任和本片区部护士长。

（5）评估需要会诊者，科室电话联系本片区护理部护士长，由护理部护士长和（或）护理部组织相关专家进行现场指导并制定治疗护理措施，责任护士在护理记录单上记录护理会诊事宜。

（6）科室针对院内发生及院外带入压疮应采取积极的治疗护理措施，并定期进行效果评估。

（7）护理部和（或）护理部护士长不定期督查科室护理措施落实情况。

【流程】(图 5 - 3)。

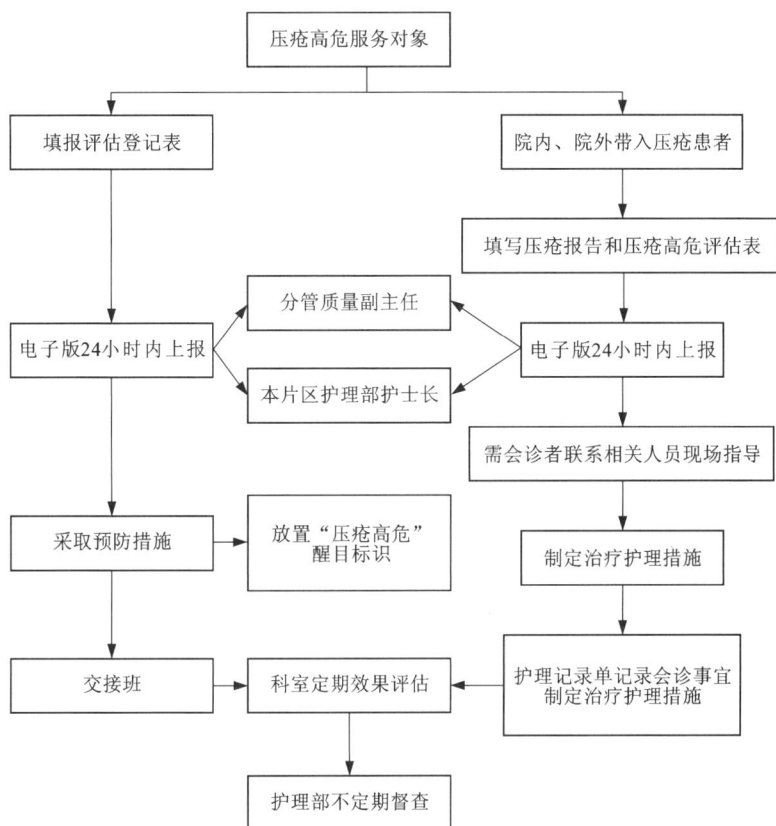

图 5 - 3　压疮患者的风险评估与报告流程

58. 疑难、危重患者报告制度

(1)疑难危重患者管理做到责任到人,实行重点监护、管理和指导。

(2)严格执行查对制度和抢救工作制度,采取积极有效的防范措施,防止差错事故的发生。

(3)保证疑难、危重患者的医疗护理安全,保证各种管道畅通并妥善固定,避免坠床、外伤、烫伤等情况发生,严格执行服务对象意外登记、上报、记录制度。危重、躁动患者的病床用床档防护。

(4)责任护士详细掌握疑难、危重患者病情、治疗和护理方案,包括姓名、年龄、诊断、手术时间、手术名称、治疗用药、饮食、护理要点、重要的化验值、心理状况等。

（5）责任护士及时床旁巡视，观察病情，发现病情变化应及时通知医生并给予相应处理。

（6）保持疑难、危重患者全身清洁无异味，床单位整洁，无血、痰、便、胶布痕迹，保证疑难危重患者卧位舒适。

（7）发生紧急情况时，护士应沉着、熟练地应用紧急状况下的各种应急处理措施。

（8）特殊疑难、危重患者在 24 小时内报告护理部，抢救时可先口头报告、后提交《疑难、危重患者报告表》至护理部。

（9）护理部成员接到报告后应 24 小时内到科室进行现场指导，对于护理疑难问题应及时组织片区内护理会诊或全院护理大会诊。

（10）填写完善后的《疑难、危重患者报告表》由护理部存档。

59. 分级护理制度

护理级别由主管医师根据患者病情和生活自理能力下达医嘱。根据患者的护理分级安排具备相应能力的护士。临床护士应根据护理分级和医生制订的诊疗计划，为患者提供护理服务。

（1）护理分级

①护理级别：依据患者病情和自理能力分：特级护理、一级护理、二级护理和三级护理四个级别。

②分级方法：

a. 患者入院后应根据患者病情严重程度确定病情等级。

b. 根据患者 Barthel 指数总分，确定自理能力等级。

c. 根据病情等级和（或）自理能力等级确定患者护理分级。

d. 临床医护人员应根据患者的病情和自理能力的变化动态调整患者护理分级。

③分级依据

特级护理： a. 维持生命，实施抢救性治疗的重症监护患者；b. 病情危重，随时可能发生病情变化需要进行监护、抢救的患者;c.各种复杂或大手术后、严重创伤或大面积烧伤的患者。

一级护理:a.病情趋向稳定的重症患者;b.病情不稳定或随时可能发生变化的患者;c.手术后或者治疗期间需要严格卧床的患者;d.自理能力重度依赖的患者。

二级护理:a.病情趋于稳定或未明确诊断前,仍需观察,且自理能力轻度依赖的患者;b.病情稳定,仍需卧床,且自理能力轻度依赖的患者;c.病情稳定或处于康复期,且自理能力中度依赖的患者。

三级护理:病情稳定或处于康复期,且自理能力轻度依赖或无需依赖的患者。

(2)护理要点

特级护理:

①严密观察患者病情变化,监测生命体征。

②根据医嘱,正确实施治疗、给药措施。

③根据医嘱,准确测量出入量。

④根据患者病情,正确实施基础护理和专科护理,如口腔护理、压疮护理、呼吸道护理及管道护理等,实施安全措施。

⑤保持患者舒适和功能体位。

⑥实施床旁交接班。

一级护理:

①至少每1小时巡视1次患者,观察患者病情变化。

②根据患者病情,监测生命体征。

③根据医嘱,正确实施治疗、给药措施。

④根据患者病情,正确实施基础护理和专科护理,如口腔护理、压疮护理、呼吸道护理及管路护理等。实施安全措施,为患者提供适宜的照顾,促进康复。

⑤提供相关健康指导。

二级护理：

①每 2 小时巡视患者，观察患者病情变化。

②根据患者病情，测量生命体征。

③根据医嘱，正确实施治疗、给药措施。

④根据患者病情，正确实施护理措施和安全措施。

⑤提供相关健康指导。

三级护理：

①每 3 小时巡视患者，观察患者病情变化。

②根据患者病情，测量生命体征。

③根据医嘱，正确实施治疗、给药措施。

④提供相关健康制度。

（3）实施要求

①临床护士应根据护理分级和医生制订的诊疗计划，为患者提供护理服务。

②应根据患者护理分级安排具备相应能力的护士。

60. 降低平均住院日的措施（以 × × 省级妇幼保健院为例）

（1）手术患者术前检查前移：各种术前检查尽量在门诊完成。

（2）加强手术室和麻醉科管理：严格执行 9：00 前手术开台（切皮）、8：30 前麻醉开始制度，接台时间不超过 30 分钟；加强监管，减少手术间空置率，充分利用手术室。

（3）开展日间病床管理：凡住院 1 天即可完成所有医疗活动的患者，可住日间病床。科室可自行安排 1 ~ 2 个床位用于做日间病床。日间病房病历按 24 小时出入院记录书写。

（4）考核与激励：每季度对平均住院日下降明显的科室给予奖励，不合格者批评、惩罚，并出台相应奖惩细则。

（5）提高医技科室工作效率：各种检查结果及时回报。

（6）实行转诊制：对危急症患者、住院时间较长的患者，病情稳定后转社区医院或当地医院。

（7）扩大开展临床路径病种，规范诊疗流程，降低住院费用和缩短平均住院日。

（8）优化门急诊医疗流程管理，提高入院前的确诊率、提高抢救率，减少入院。

（9）加强重点患者管理，避免或减少并发症的出现，尽可能缩短住院时间。

（10）对于住院时间超长患者，及时组织讨论、会诊，及时调整治疗方案。

（11）存在医疗纠纷隐患，科室在积极诊治同时，还应做好与患方的沟通解释工作，及时向医务部上报相关情况并备案。

61. 服务对象的权利与义务

（1）服务对象的权利

①获得基本医疗保健的权利。

②人格受到尊重的权利。

③**知情权**：服务对象有权得到自己所患疾病的诊断和预后。

④**隐私权**。

⑤**自主权**：完全行为能力人应以本人意愿为准，当父母、配偶同服务对象意见不一致时，应尊重患者本人意愿。

⑥**选择权**：服务对象有权利选择为其治疗的医护人员及治疗方案、措施。

⑦**申诉权**：有权向医院有关部门提出投诉，并得到合理处理的权利。

⑧有对医疗机构的批评建议权。

⑨有因医疗事故所造成损害获得赔偿权利（包括请求鉴定权、请求调解权、诉讼权）。

（2）服务对象的义务

①有如实陈述病情的义务。

②有配合医疗机构和医务人员进行一切检查治疗的义务（遵守医嘱的义务）。

③有支付医疗费用及其他服务的义务。

④有尊重医务人员的劳动及人格尊严的义务。

⑤有遵守医疗机构规章制度的义务。

⑥有不影响他人治疗，不将疾病传染给他人的义务。

⑦有爱护公共财物的义务。

⑧有接受强制性治疗的义务（如急危服务对象、戒毒、传染病、精神病等）。

62. 保护门诊患者隐私的措施

（1）门诊医生单独接诊，体查时应有遮挡物。

（2）医疗过程中对涉及个人隐私的内容必须予以全程保护。

（3）不得向外泄露患者的个人信息和统计资料。

（4）对患者的各种检查结果应妥善保管。

（5）带教实习应征得患者的同意。

（6）在教学、科研、临床总结中删除能直接表明患者身份的特征性信息。

（7）凡涉及参与临床科研的患者信息一律保密。

（8）公开场合不讨论患者病情。

63. 医院开展预约诊疗的方式及流程

医院提供多途径预约挂号形式。预约途径：微信预约、电话预约、网上预约、现场预约（院内医生工作站和院内自助机）。预约成功者当日提前半小时于院内自助机上取号就诊。

64. 门诊患者身份识别确认制度

（1）在进行各项诊查、治疗、护理、挂号、分诊、收费、发药、检查、检验等活动中，至少同时使用二种（或以上）患者身份识别的方法，如姓名、性别、年龄或照片以确保身份正确性。核对患者姓名时，应由患者或其亲属陈述患者姓名。

（2）对小儿、意识不清、语言交流障碍者由患者亲属或陪同人员代述患者相关信息，必要时由分诊人员为患者准备腕带，作为识别身份和查对的有效手段。

（3）不确定信息的患者，须确定清楚后方可执行质量检测操作。

65.门诊首问负责制度

（1）首问负责制形式包括面对面回答咨询、电话回答咨询等。

（2）最先受理患者或亲属咨询的医务人员为第一责任人，负责解答、引领、处理患者或亲属在门诊范围内提出的医疗服务项目、寻医问药、科室设置以及就医流程等各类问题，为患者提供优质满意的服务。

66.医院应急体系建设

（1）应急工作体系。

医院有应急工作领导小组，院长是医院应急管理的第一责任人，应急办（一办公室；二办公室）负责突发事件发生时接受报告、组织现场处理、信息报送、组织联络应急状态下各职能科室的沟通协调、评估与总结。

非上班时间由总值班室负责联络，电话：＿＿＿＿＿＿＿，负责应急准备、现场处置、警戒控制及其他维稳工作。接到应急事件报告的科室和个人为第一责任科室和个人，负责向应急办和应急领导小组报告，不得延误。

（2）灾害脆弱性分析。

应急办开展灾害脆弱性分析，明确医院需要应对的主要突发事件和应对策略。

（3）应急预案手册。

医院编制有应急预案汇编，各科室、部门据此每年至少组织一次系统的防灾训练。

67.临床"危急值"报告制度

（1）医护、医技工作人员在检验（查）活动中必须熟练掌握所在岗位的危急值。

（2）复核结果及时向病房管床医生报告（30 分钟内电话通知），同时记录在危急值管理登记本上备查，接收人应"回读"危急值，报告与接收均遵循"谁报告（接收），谁记录"的原则。

（3）危急值报告单经复核后，立即在院内危急值和医生工作站发布，有醒目提示；同时纸质报告单由医技科室盖"已审核"章，并由上级技术主管人员签字发出。

（4）危急值报告单由患者当时所在科室做好登记备查。接到报告后立即分析原因、及时（30 分钟内）处理，必要时向科主任或上级医生报告，及时（4 小时内）在病程中记录"危急值"报告结果和诊治措施，并在交班记录本记录上交班。

（5）门诊、急诊患者检验（查）出现"危急值"情况，应及时通知门诊、急诊医生，由门诊、急诊医生及时通知服务对象或亲属取报告并及时就诊；一时无法通知服务对象时，正常上班时间及时向门诊办、医务部报告，非正常上班时间向总值班报告，并负责跟踪落实，做好相应记录。医生须将诊治措施记录在门诊病历中。

68. 患者是否有权复印病历

《医疗纠纷预防和处理条例》自 2018 年 10 月 1 日起施行。

首次明确规定，患者有权查阅、复制其门诊病历、住院志、体温单、医嘱单、化验单（检验报告）、医学影像检查资料、特殊检查同意书、手术同意书、手术及麻醉记录、病理资料、护理记录、医疗费用以及国务院卫生主管部门规定的其他属于病历的全部资料。

69. 肺栓塞应急预案

防范措施：①健康教育；②生活护理：嘱患者多饮水，予低脂、低糖、高纤维素饮食，多吃蔬菜、水果，保持大便通畅；③体位护理：长期卧床者需锻炼肌肉，促进血液循环；④静脉护理：尽量避免下肢静脉穿刺，扎止血带不宜过紧，避免同一部位、同一条静脉反复穿刺。⑤下肢的检测：定期检测有无疼痛、苍白、麻痹、皮温/感觉异常及动脉搏动情况；⑥服用抗凝药的护理：严格按医嘱服用，按时定量。

应急处理流程

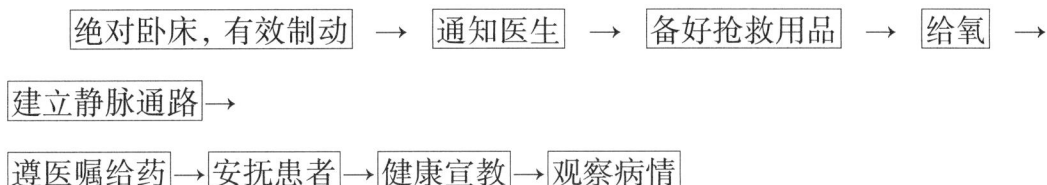

绝对卧床，有效制动 → 通知医生 → 备好抢救用品 → 给氧 →

建立静脉通路→

遵医嘱给药→安抚患者→健康宣教→观察病情

70. 需要 12 小时内上报的重大医疗事件

发生下列情形之一的重大医疗过失行为，医疗机构应当在 12 小时内向所在地卫生行政部门报告。

（1）导致患者死亡或者可能为二级以上医疗事故的。

（2）导致 3 人以上患者人身受到损害的，后果严重的医疗事件。

（3）卫生行政部门和省卫生厅（局）规定的其他情形。

71. 重大突发事件应急救援预案

表 5-3　重大突发事件应急救援预案表

重大突发事件应急救援预案各应急工作小组职责及联系电话		
应急小组	联系电话	职责
应急办公室		综合协调
医务部		组织医疗救治、统筹资源、组织培训
急诊科		协助组织医疗救治，负责接诊救治工作
护理部		组织护理人员调配，加强护理人员技术培训
宣传办		接待媒体、负责对外宣传报道。
院感控制中心		疫情监测、消毒
保卫科		维护安全稳定
后勤、采购、药剂		提供必要保障
网络信息中心		保障网络畅通

续表 5 - 3

传染病管理办公室 （医务部）		相关法律法规学习、培训、落实，进一步健全预警机制、加强网络直报工作的管理

【流程】（图 5 - 4）。

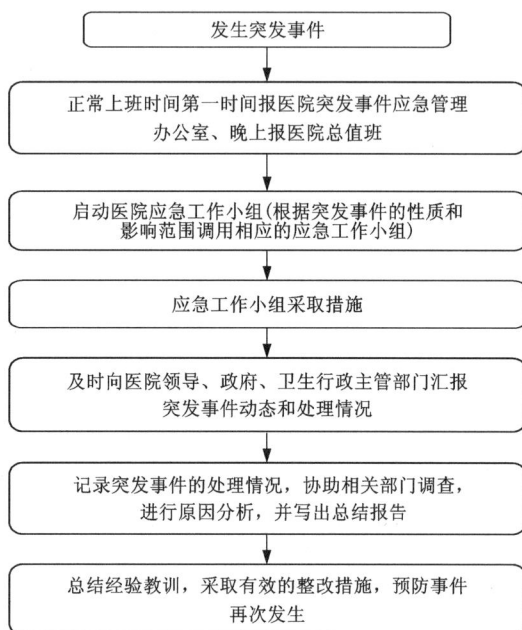

图 5 - 4　重大突发事件应急救援预方案

72. 医疗安全不良事件的报告制度及流程。

（1）医疗安全不良事件按事件的严重程度分 5 个等级

Ⅰ级事件——特大医疗安全事件：造成 3 人以上死亡或重度残疾。

Ⅱ级事件——重大医疗安全事件：造成 2 人以下死亡或中度以上残疾、器官组织损伤导致严重功能障碍；造成 3 人中度以下残疾、器官组织损伤或其他人身损害后果。

Ⅲ级事件——一般医疗安全事件：造成 2 人以下轻度残疾、器官组织损伤导致一般功能障碍或其他人身损害后果。

Ⅳ级事件——虽然发生了错误事实，但未给服务对象造成任何损害，有轻微后果不需任何处理可康复。

Ⅴ级事件（隐患事件）——由于及时发现错误，但未形成事实。

（2）医疗安全不良事件的上报

Ⅰ级事件，2小时内上报，在2个工作日内填写《医疗安全不良事件报告表》。

Ⅱ级事件，12小时上报，当事科室需在2个工作日内填写报告表。

Ⅲ级事件，2日内填写报告表并上报。

Ⅳ级、Ⅴ级事件5日之内填写上报。

73. 药品不良反应与医疗器械不良事件报告和监测管理制度

（1）药品不良反应（adverse drug reaction，ADR）监测工作由临床药学负责，医疗器械不良事件报告（medical device reporting，MDR）监测工作由物资供应部负责。

（2）由发生所在科室负责申报。

一旦出现ADR或MDR：立即对患者进行处置→病历上记载→填报ADR申报表或MDR申报表→报告临床药学室或物资供应部；临床药学室或物资供应部收到申报表→及时分析和评估→为临床处置提供意见→上报国家药品不良反应监测中心。

（3）新的、严重的药品不良反应15日内报告，死亡病例立即报告；其他30日内报告。

（4）药品群体不良反应事件→积极救治患者→报告院领导、卫生行政部门和省食品药品监督管理部门→填写《药品群体不良反应基本信息表》→填写《药品不良反应/医疗器械不良事件报告表》→国家药品不良反应监测信息网络报告→迅速开展调查分析。

（5）药学部（物资供应部）对ADR或MDR进行分析和评价。每月在科主任例会上进行通报。

74. 传染病预检分诊制度

（1）预检分诊处标识明确，相对独立，通风良好，流程合理，具有消毒隔离条件和必要的防护用品。

（2）接诊过程中，询问服务对象流行病学史、传染病接触史，结合服务对象的主诉、病史、症状和体征等对来诊的服务对象进行传染病的预检。经预检为传染病服务对象或者疑似传染病服务对象的，应当将服务对象分诊至其他有条件诊治的医院，同时对接诊处采取必要的消毒措施。

（3）对呼吸道等特殊传染病服务对象或者疑似服务对象，应当依法采取隔离或者控制传播措施。

（4）不具备某种传染病救治能力时，应当及时将服务对象转诊。

（5）转诊传染病服务对象或疑似传染病服务对象时，使用专用车辆。

（6）从事传染病预检、分诊的医务人员应当采取标准防护措施，按照规范严格消毒，并按照规定处理医疗废物。认真执行临床技术操作规范、常规以及有关工作制度。

（7）定期对医务人员进行传染病防治知识的培训。

儿童门急诊就诊和成人门急诊服务对象就诊预检分诊流程如图 5 - 5 和图 5 - 6。

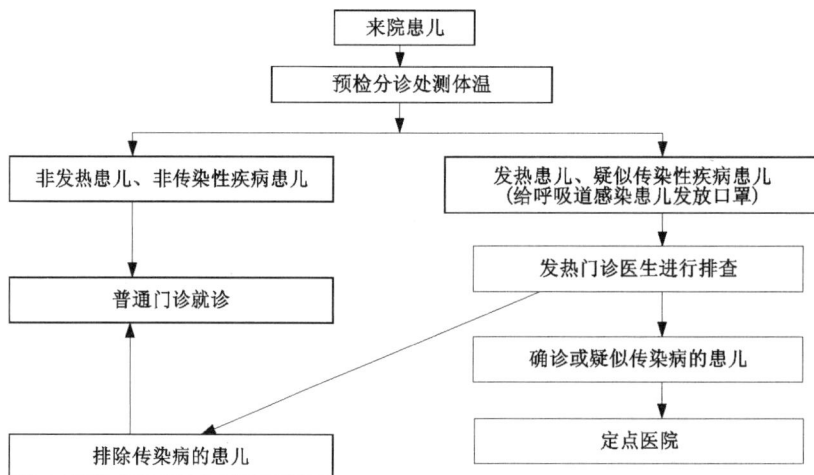

图 5 - 5　儿童门急诊就诊预检分诊的流程

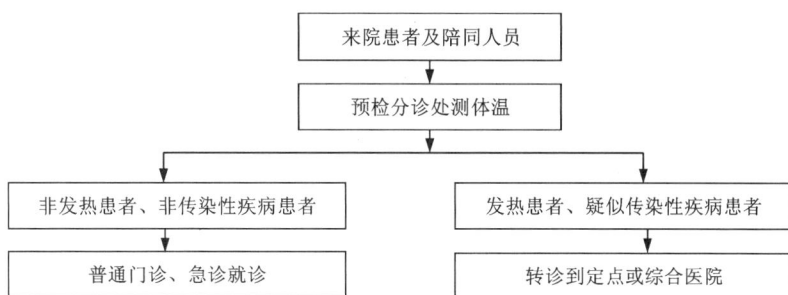

图5-6 成人门急诊服务对象就诊预检分诊的流程

75. 传染病报告制度

（1）医院执业的医务人员均为责任报告人，传染病上报率要求100%。

（2）严格执行"首诊负责制"，及时报告疫情，首诊医师应于法定时间内通过电子病历系统（医生工作站）填写传染病报告卡。院感科接收、审核后，通过网络直接报到"中国疾病预防控制信息系统"。

（3）发现甲类传染病和乙类传染病中的肺炭疽、传染性非典型肺炎、人感染高致病性禽流感的服务对象、疑似服务对象以及其他暴发传染病、新发传染病、原因不明的传染服务对象时，首诊医生诊断后应立即电话报告传染病管理科（电话：_____）及主管院领导，下班时间报传染病管理科专干（电话：_____）。从发现至报出2小时内向××区疾病控制中心报告，同时网络直报。

（4）暴发流行时，责任疫情报告人应当以最快的通讯方式向××区疾控中心报告疫情。

76. 院感暴发报告流程及处置预案

报告流程

当临床科室在短时间内，发现收治的服务对象中出现两例及以上符合感染暴发事件三种类型的感染现象时；当微生物室在短时间内（视疾病潜伏期而定），发现某部门两名及以上患者分离出药敏结果相似的同一种病原体，或检出特殊的、重要的、多重耐药的病原体时，为预警阶段。

（1）临床科室的院感染监测医生或微生物室必须按照制度规定的报告程

序，立即向院感科和部门负责人报告。

（2）临床科室认真查找原因，及时采取感染控制措施，防止传播。

（3）院感科在接到报告后，要立即核实、调查分析、查找发生原因，指导消毒隔离。

报告程序

（1）短时间内出现3例以上感染现象时，临床科室管床医生或责任护士应立即报告科主任，同时报告院感科，确认后及时报告分管院长，并通报相关部门。

（2）出现3例以上感染暴发或5例以上疑似感染暴发时，12小时内报告卫生计生行政部门、感染质控中心和疾控中心。

（3）2小时内报告卫生计生行政部门、感染质控中心和疾控中心的情形：①10例以上的感染暴发；②特殊或新发病原体的感染；③可能造成重大公共影响或严重后果的感染。

处理程序

院感科立即现场核查→确认暴发→报告应急处置领导小组和上级部门→成立调查小组→对暴发病例进行查看，了解病史，进行流行病学调查、微生物病原学检验→调查感染暴发的情况/原因、流行的起始原因及感染传播方式，列出潜在的危险因素→制定落实控制措施（包括为患者做适当的治疗，隔离感染源、可疑感染源或保护性隔离其他患者等，对于接触者分组护理并进行相关消毒处理，必要时可采用暂时停止接收新患者或关闭手术室等措施）→调查监测新发病例→控制效果评价→微生物室承担检测工作→设备、药剂、消毒药械等问题，各部门积极解决→召开感染管理委员会会议→对感染暴发趋势评估，决定是否启动或终止应急预案→组织协调人力、物力、财力支持→必要时请专家会诊或送有关部门检验→应急处理结束→及时总结整改。

医院感染暴发事件分级

（1）特别重大感染暴发事件（又称Ⅰ级）：影响或后果特别重大，由国务院卫生行政部门进行认定。

（2）重大感染暴发事件（又称Ⅱ级），由省级以上卫生行政部门进行认定，包括下列情形：

①发生甲类传染病、肺炭疽医院感染病例或传染性非典型肺炎、人感染高致病性禽流感医院感染疑似病例。

②发生 20 例及以上的医院感染暴发病例。

③由于感染暴发导致 10 人及以上人身损害后果。

④由于感染暴发直接导致患者死亡。

⑤医院感染暴发事件波及二所以上医疗机构。

⑥其他由省级以上卫生行政部门认定的其他重大感染暴发事件。

（3）较大感染暴发事件（又称Ⅲ级），由市级以上卫生行政部门进行认定。有下列情形之一者属于较大医院感染暴发事件：

①发生 10～19 例医院感染暴发病例；

②发生除甲类传染病外的法定传染病医院感染病例；

③由于感染暴发导致 3～9 人人身损害后果；

④其他由市级以上卫生行政部门认定的其他较大医院感染暴发事件。

（4）一般医院感染暴发事件（又称Ⅳ级），由县级以上卫生行政部门进行认定。

77. 危险化学品安全管理制度

（1）根据国家《危险化学品安全管理条例》《中华人民共和国药品管理法》的要求，对危险化学品（具有毒害、腐蚀、爆炸、燃烧、助燃等性质，对人体、设施、环境具有危害的剧毒化学品和其他化学品）采购、使用、储存、管理、废弃物处理等进行安全管理。

（2）危险化学品采购应由使用部门造计划、报保卫科审核备案。

（3）危险化学品入储库和发货时要有专人清点、登记造册。从储存库运到各药房时，要有人运送，以免丢失。

（4）储存危险化学品仓库要安全牢固，有消防设施，温度控制，以保证存放安全。

（5）储存危险化学品要有专用橱柜，加双锁，双人保管，双人核发，用多少领多少，当天没有用完的必须收回存放地，确保安全使用。做到日清、月结、账物相符，不得有任何差错。

（6）危险化学品储存库要安排专人值班，尤其是夜间值班人员要认真负责，忠于职守，不得脱岗，确保安全。

（7）监督部门要对危险化学品储存库定期检查安全设施和险危化学物品存放情况，保卫科巡逻人员要加强对该仓库的重点巡查，确保安全。

（8）保卫科有专人对危险化学品安全检查每月进行一次，做好检查记录，对于存在的安全隐患，应立即下发整改通知书，督促有关部门限期整改。

（9）危险化学品如发生失窃、识货、爆炸等危险情况应立即报告保卫科，保卫科应立即赶赴现场进行现场扑救、保护好现场，并立即报告公安局和消防部门进行处置，做好登记，并对相关责任人和部门按实际情况划清责任，进行处理，造成严重后果的移交司法部门处理。

78. 危险化学品溢出与暴露处置应急预案

（1）预防措施

加强危险化学品储存和使用管理，责任到人；存放于专用仓库、专用场地或专用储存箱内、分类存放，文字标识清楚；专人保管，有严格的账目和管理制度；在岗操作人员发现事故险情，立即上报科室主任及保卫科，采取应急措施，将事故控制在最小程度；强化日常监督检查。

（2）应急处理措施

①危险化学品溅洒于皮肤、黏膜表面应立即先用肥皂水，再用流动的清水、自来水或0.9%氧化钠溶液冲洗至少15分钟。

②危险化学品溅入口腔、眼睛等部位，应立即用洗眼装置或流动的冷水长时间彻底冲洗口腔、眼睛等至少15分钟。

③工作人员发生化学污染时应立即用流动清水冲洗被污染部位，在进行安全沐浴时应移除被污染的衣物，并立即到急诊室就诊，根据造成污染的化学物质的不同性质用药。

④标本化学污染时，各种表面若被明显污染时，用 1 000 ~ 2 000 mg/L 的

有效氯溶液撒于污染表面,并使消毒液浸过污染表面保持 30 ~ 60 分钟再擦除。拖把或抹布用后浸于上述消毒液内 1 小时。

⑤棉质工作服、衣物有明显化学污染时,可随时用有效氯 500 mg/L 的消毒液浸泡 30 ~ 60 分钟,然后冲洗干净。

⑥危险化学品引发火灾时应立即移去或隔绝燃料的来源,隔绝空气、降低温度。对不同物质引起的火灾,采取不同的扑救方法。防止火势蔓延,首先切断电源、熄灭所有加热设备,然后快速移去附近的可燃物,关闭通风装置,减少空气流通。

⑦发生泄露时,不允许人员进入泄露区域直到清理完毕。

⑧一旦发生职业暴露,应急处置后尽快报告,感染性职业暴露报院感管理科(电话:_____),其他职业暴露(可能导致工伤)24 小时内到医保科(电话:_____)进行工伤申请备案,并向相关部门申请工伤认定。

⑨及时总结经验教训,落实整改,写出总结报告。

79.急救、生命支持系统仪器装备应急预案

(1)急救、生命支持系统仪器包括:吸氧设备、电动吸引器、除颤仪、呼吸机、简易呼吸器、监护仪、插线板、注射泵、输液泵、心电图机。

(2)急救生命支持系统仪器应专管共用,使用科室有专人保管,全院调剂使用。

(3)仪器维修室对急救、生命支持系统仪器装备定期检查性能,定期维修、保养,保证设备完好率达到 100%。

(4)仪器维修室会同生产厂家对仪器使用部门进行设备的操作培训,所有人员能熟练操作。

(5)所有类型的急救、生命支持系统仪器装备都有备用机器,由仪器维修室统一管理。仪器维修室实行 24 小时值班制度。值班电话(白天_____,晚上_____),部门人员能熟练安装、调试及操作所有类型的急救、生命支持系统仪器装备,能随时提供临床支持。

80. 发生故障紧急替代流程

发生故障紧急替代流程见图 5 – 7。

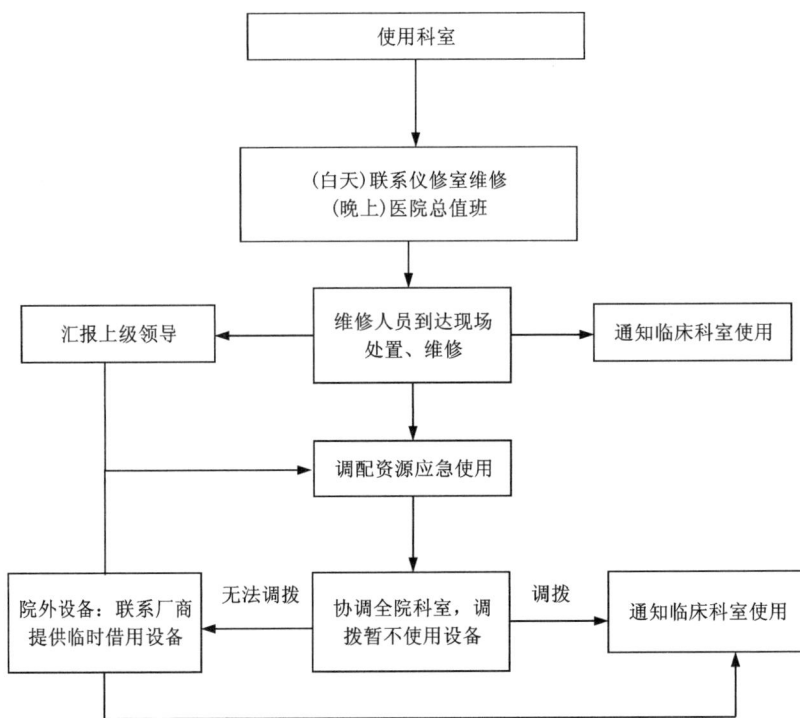

```
                        ┌─────────────────┐
                        │     使用科室     │
                        └────────┬────────┘
                                 │
                                 ▼
                    ┌──────────────────────────┐
                    │ (白天)联系仪修室维修       │
                    │ (晚上)医院总值班           │
                    └────────────┬─────────────┘
                                 │
   ┌──────────────┐    ┌─────────────────┐    ┌──────────────────┐
   │ 汇报上级领导  │◄───┤ 维修人员到达现场 ├───►│ 通知临床科室使用 │
   └──────┬───────┘    │ 处置、维修       │    └──────────────────┘
          │            └────────┬────────┘
          │                     │
          │                     ▼
          │            ┌─────────────────┐
          │            │ 调配资源应急使用 │
          │            └────────┬────────┘
          │                     │
┌─────────────────┐ 无法调拨 ┌─────────────────┐ 调拨 ┌──────────────────┐
│ 院外设备：联系厂商│◄────────┤ 协调全院科室，调 ├─────►│ 通知临床科室使用 │
│ 提供临时借用设备  │          │ 拨暂不使用设备   │      └──────────────────┘
└─────────────────┘          └─────────────────┘
```

图 5 – 7　发生的故障紧急替代流程

备注：(1)监护仪和输液泵直接调用备用机。

(2)呼吸机和除颤监护仪有专门台账，出现故障时采用就近调配原则。

81.医疗应急设备清单(以××省级妇幼保健院为例)

表5-4　医疗应急设备清单表

联系人:　　　　　　　　电话:

序号	设备名称	数量	存放地点	联系电话
1	担架推车	2	急诊室/放射科	
2	轮椅	2	服务中心	
3	电动吸引器	2	普儿科/急诊室	
4	呼吸机	1	普儿科	
5	除颤仪	2	急诊室 门诊手术室	
6	监护仪	2	应急库房	
7	注射泵	2	应急库房	
8	氧气枕	1	设备库房	
9	急救箱	1	设备库房	
10	复苏囊 (带呼吸面罩)成人	1	设备库房	
11	复苏囊 (带呼吸面罩)儿童	1	设备库房	
12	新生儿转运温箱	1	新生儿二科	
13	氧气筒	1	设备库房	

82.食物中毒应急预案

(1)一旦发生食物中毒,当班护士或食堂员工立即向食堂负责人报告→负责人向后勤保障部主要负责人汇报→后勤保障部负责人向应急办报告(非上班时间报医院总值班,报告内容包括:发生中毒的地点、时间、中毒人数,主要临床表现,可能引起中毒的食物等。)→应急办根据情况,2小时内上报上级卫生行政部门卫生监督处。

(2)第一时间组织人员,立即将中毒患者送医院急诊科抢救,医务部、急诊科、保卫科等科室做好患者抢救工作。

（3）保护好现场和可疑食物，撤下正在销售的食物、餐具及食品留样。

（4）卫生检验部门对留存样品进行分析检验，医院组织对中毒原因进行分析及处理。

（5）配合调查事故原因，吸取教训。

（6）及时总结经验教训，采取有效的整改措施，预防再次发生，并写出总结报告。

83. 医务人员职业暴露应急预案及处置流程

（1）防范措施

医务人员采取标准预防：根据情况戴手套，手部皮肤发生破损时戴双层手套；可能发生血液、体液飞溅到医务人员面部时，戴防渗透性能的口罩、防护眼镜、面罩；有可能大面积飞溅或者有可能污染身体时，穿戴有防渗透性能的隔离衣或者围裙。保证操作中光线充足，防止锐器刺伤或者划伤。锐器入利器盒。禁止回套针头、禁止用手直接接触使用后的针头、刀片等锐器。接触呼吸道传染病患者时，穿隔离衣、护目镜和 N95 口罩。高危科室，必要时进行疫苗接种。

（2）感染性职业暴露后应急处理措施

①就地处置。

②迅速、敏捷地脱去污染的手套、帽子、口罩、手术衣等。

③轻轻挤压伤口旁端，尽可能挤出损伤处的血液，禁止进行伤口的局部挤压。

④用肥皂液或流动水清洗污染的皮肤，污染眼部等黏膜时应当用大量 0.9% 氯化钠溶液反复冲洗干净；用络合碘消毒。

⑤伤口较大需包扎，到门急诊进行缝合包扎处理。

⑥发生血源性传染病（乙肝、丙肝、HIV 等）暴露后根据情况采取的预防处理措施见 84 点。

⑦向本科室部门负责人及院感科报告；医务部、护理部参与指导处理。评估暴露等级；如患者未检测的，抽血进行血源性传染病检查。

⑧为暴露者抽血查乙肝、丙肝、梅毒、HIV 及肝功能等检查。必要时抽血复诊(如 1 个月、3 个月、6 个月等)。

⑨锐器伤,医院提供相应的检查、疫苗、预防药物,按时进行疫苗接种和追踪检测,按时服用药物,必要时到儿童保健科进行乙肝免疫球蛋白及乙肝疫苗接种。节假日和急诊用药经报告院感科后可至急诊科就诊开具检验单和预防用药(急诊药房备有药品)。配合医生进行定期监测随访。

⑩HIV 的职业暴露经院感科评估、建档后,如需预防性治疗,需向长沙市疾病预防控制中心报告,领取药物并登记、检测、随访。

⑪申请工伤申报的应 24 小时内到医保科办理相关手续。

⑫开展消毒隔离技术、职业卫生与安全防护等培训。

84. 血源性病原体职业暴露后预防措施

(1)患者 HBsAg(+)。

①受伤医务人员 HBsAb(+)或 Anti – HBs 抗体滴度 >10 mIU/ml,不需注射疫苗或 HBIG(乙肝免疫球蛋白)。

②受伤医务人员 HBsAg(–),Anti – HBs(–)或 Anti – HBs 抗体滴度 <10 mIU/ml,24 小时内注射 HBIG 并注射疫苗(按 0 个月,1 个月,6 个月间隔),在最后一剂疫苗接种 1 ~2 个月之后监测 GOT(谷草转氨酶),GPT(谷丙转氨酶),HBsAg,anti – HBs,anti – HBc。

(2)患者为 HCV 抗体(+)。

受伤者 HCV 抗体(–),在 3 ~6 周内检测后检测丙肝抗体,4 ~6 个月后进行丙肝病毒 RNA 和丙氨酸转氨酶基线等检测以确定是否感染 HCV,并咨询感染病科医生进一步处理办法。

(3)患者为 HIV 抗体(+)。

受伤医务人员 HIV 抗体(–),需经过专家评估,如果存在用药指征,则应当尽可能在最短的时间内(尽可能在 2 小时内)实施预防性用药,最好不超过 24 小时。但即使超过 24 小时,也建议实施预防性用药。用药疗程一般为连续服用 28 天。发生暴露后应开展艾滋病病毒追踪检测,包括在接触后的第

4 周、第 8 周、第 12 周及第 6 个月时对艾滋病病毒抗体进行检测,对服用药物的毒性进行监测和处理,观察和记录艾滋病病毒感染的早期症状等。

(4)**患者为 TP 抗体(+)**。

受伤者立即行梅毒血清学检查。予苄星青霉素 240 万单位肌内注射,每周 1 次,连续 2 ~ 3 次。青霉素过敏者,可选用红霉素、头孢曲松等。

(5)**患者无血源性传染病**:无需处理,仅密切追踪观察。

85. 介入并发症的观察

(1)**穿刺点出血或血肿**:严密观察穿刺部位有无出血情况,预防止血不彻底、压迫止血不当、肢体移动、穿刺处血凝块脱落引起的皮下血肿或大出血。密切观察穿刺点皮肤有无青紫,纱布有无浸湿,有无皮下血肿甚至形成盆腔腹膜后大血肿。术后做好股动脉穿刺局部加压包扎,1 kg 沙袋持续压迫股动脉穿刺处 6 ~ 8 小时,护士应密切观察穿刺点有无渗血及血肿形成,保持辅料干燥,预防感染

(2)**血管内膜受损至动脉血栓形成或栓塞**:导管过粗、导管在血管内停留时间长、导管表面不光滑,会使血管内膜受损造成血栓形成。术后注意观察患者肢体温度、肤色、足背动脉搏动情况,如发现肢体冷、苍白、无脉或弱脉,表示可能为血栓形成。

(3)**栓塞剂异位**:可造成坐骨神经及臀部皮肤等的损害,甚至肺栓塞。术后嘱服务对象严格患肢制动 12 小时,同时也可减少血肿的发生,询问服务对象有无感觉的异常。

(4)**药物不良反应**:碘过敏反应,分为急发型和迟发型造影剂过敏反应。预防:尽量使用非离子型造影剂,对有过敏高危因素的患者加强观察,术前做好碘过敏试验和试验结果的观察是关键。

(5)**疼痛**:术后 6 ~ 8 小时下腹疼痛剧烈,3 ~ 5 天后表现为持续性或间歇性的下腹痛。注意观察患者有无剧烈腹痛的情况,剧烈腹痛多由出血引起,如发现应及时报告医生处理。下腹部及腰骶部坠胀疼痛多因栓塞部位缺血、肌瘤变性肿胀、坏死及包膜牵拉引起。用哌替啶及镇痛泵止痛。

（6）**发热**：术后 5 天内，一般体温不超过 38℃，可由栓塞剂、坏死组织的吸收或感染引起，故术后应密切观察体温的变化。发热者可每小时（Q4h）测体温。如体温超过 39℃，可遵医嘱予降温等对症处理。

（7）**恶心、呕吐**：多发生于术后 48 小时内。恶心、呕吐是栓塞治疗后常见的胃肠道反应，因栓塞反射性引起迷走神经兴奋。如出现恶心、呕吐，遵医嘱肌内注射甲氧氯普胺 10 mg。服务对象食欲减退，胃口不佳时，使服务对象心情放松，保持环境整洁、安静，鼓励服务对象进食温热的半流质饮食，如稀饭、菜汤等。

86. 介入护理常规

（1）术前护理

①评估患者病情、生命体征、检查检验结果是否正常，进行心理护理。

②皮肤准备：双侧髂前上棘至大腿上 1/3，包括会阴部，并注意双侧腹股沟穿刺处有无皮肤破损及感染，用记号笔在足背动脉搏动明显处做标记，以便术中、术后观察。

③消化道准备：术前 1 天进食少渣易消化食物，术前晚清洁灌肠，术前 4~6 小时禁食，不需禁水。

④术前用药：18G 留置针开放左手静脉通路，遵医嘱术前用药如地塞米松等。

⑤术前更换手术衣，取下首饰、活动义齿，留置导尿管。

（2）术后护理

①交接：包括术中情况、生命体征（神志、T、P、R、Bp），穿刺点有无渗血及穿刺侧下肢血运情况，各种导管（输液管、导尿管、PCIA 管）的标识、通畅、固定等情况，并做好记录。

②体位：术后取平卧位，穿刺点弹力绷带包扎并置 1kg 沙袋加压 6~8 小时，保持穿刺侧下肢伸直，制动 12 小时，嘱服务对象避免屈膝、屈髋、咳嗽、打喷嚏等，预防血肿形成及栓塞剂移位、出血。术后 24 小时后方可下床活动。

③生命体征、穿刺点及下肢血运的观察和护理：术后 2 小时内每半小时观察 1 次，每小时记录 1 次，2 小时之后每班观察 1 次，监测 24 小时。观察远端肢体的皮肤颜色、温度、感觉、肌力，注意有无"5p"征［疼痛（pain）、麻木（palsy）、感觉障碍（paresthesia）、无脉（pulselessness）、苍白（pale）］，记录穿刺点有无渗血及血肿形成、双下肢皮温、足背动脉搏动情况等。

④饮食：术后即可进半流饮食，术后一天恢复至普食。

⑤做好生活护理：如皮肤护理、洗脸、梳头等，观察有无栓塞剂异位造成的皮肤损害等。教会并协助服务对象穿刺侧下肢踝关节的活动及下肢肌肉的等长运动（每小时 10 次），协助翻身，外阴擦洗 1～2 次，使服务对象舒适，及时发现病情变化。

87. 预防静脉血栓栓塞症管理规定及防范措施

①预防静脉血栓栓塞症，（venous thromboembolism，VTE）的相关措施必须人人掌握并按要求落实。

②按住院服务对象 VTE 防治流程落实各项措施。

③观察记录肢体感觉、运动、皮肤温度、颜色、足背动脉搏动等情况。高危评分 4 分以上的患者适时做好护理记录，班班交接，每班记录 1 次，直至高危风险解除。发现异常情况时及时报告医生，并追踪医生的处理方法并有效落实，同时做好后续的观察记录并将结果及时反馈给医生。

④手术后指导亲属掌握正确的按摩下肢的方法（由跟腱从下而上的比目鱼肌和腓肠肌的挤压运动），6 小时内每 2 小时进行间歇性挤压或压迫腓肠肌每次每侧肢体按摩 10 分钟。患者双下肢知觉恢复后每小时做跖屈、背屈、足踝的"环转"运动，主动活动 5～10 次，床脚稍抬高，利于下肢血液回流。

⑤饮食指导：进食清淡、低脂、富含纤维的新鲜蔬菜水果，多饮水，保持大便通畅，以防止因便秘导致腹压增高，影响下肢静脉回流。戒烟、戒酒。如伴有冠心病、高血压、糖尿病则给与低脂、低糖、高纤维饮食。

⑥指导和协助患者早期下床活动。

⑦出院指导时告知患者预防下肢静脉栓塞的重要性和方法。

88. 下肢深静脉栓塞的高危人群和危险因素

体质较虚弱、抵抗力低下、服用避孕药、年龄偏大(≥60 岁)、肥胖(>80 kg)、介入后、冠心病、高血压、糖尿病、贫血、手术时间较长、长期卧床等患者。

危险因素

下肢水肿、严重肺部疾病,包括肺炎(1 个月内)、妊娠期或产后、原因不明的死胎史、不能解释或二次自然流产病史、由于毒血症或发育受限原因的早产、需要卧床休息的患者、败血症(1 个月内)、静脉曲张、肺功能异常、急性心肌梗死、充血性心力衰竭(1 个月内)、肠炎病史、口服避孕药或激素替代疗法、关节镜手术、恶性肿瘤或化疗、石膏固定、中心静脉置管、VTE 病史、血栓家族史、因子 V Leiden 阳性、凝血酶原 20210A 阳性、狼疮抗凝物阳性、抗心磷脂抗体阳性、肝素诱导的血小板减少症及其他先天性或获得性血栓症、脑卒中、择期下肢关节置换术、多发性创伤、髋关节、骨盆或下肢骨折、腹腔镜手术(大于 60 分钟)、血清同型半胱氨酸升高、急性脊髓损伤。

89. 等级评审迎检注意事项

(1)模拟三级查房

1)查房。

①准备工作:

a.行走规范:由科主任或三级医生带领二级医生、一级医生,以及进修实习医师鱼贯而入。

b.站位准确:科主任或三级医生和二级医生站在服务对象的右侧,住院医师和进修实习医师携带查房所需的资料,包括病历、实验室检查资料、影像资料和查房必需用品等(如图5-3所示)。

②住院医师:

a.详尽汇报病史,突出病史特点。

b.汇报相关检查结果,并进行初步分析、判断。

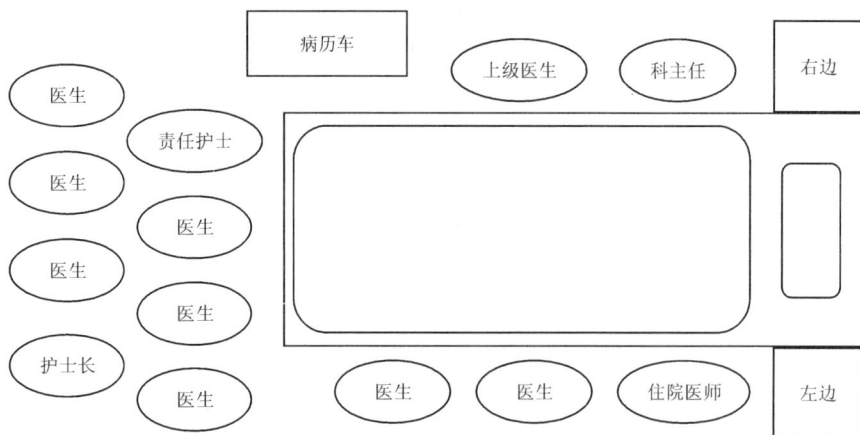

图 5-3　三级查房站位图

　　c.提出目前诊断,治疗方案,提出下一步诊疗计划。

　　d.基本技能考核(选择体检内容、考核其步骤、手法是否规范、正确)。

　　e.查房前准备充分、正确。整个过程应完整、流畅,具有较强的条理性和规范性。

　　③主治医师:

　　a.对下级医生汇报的病史进行补充完善并归纳终结。应突出重点,条理清晰。

　　b.对病历分析(诊断、鉴别诊断、治疗、检查及预后),并提出解决主要问题的方案。

　　c.通过查房反映的承上启下的作用和能力。

　　d.基本技能考核(选择相应项目:如查体,相关检查结果的阅读、判断)。

　　④(副)主任医师:

　　a.对下级医生汇报内容进行归纳、评价(归纳、评价的水平和能力)。

　　b.根据查房病历的不同情况有侧重地分析病史,根据需解决的主要问题提出或指导明确诊断的途径、措施、治疗和检查的方法,预后判断等。

　　c.结合病历,提供和介绍相关的进展情况。

　　d.对下级医生进行提问或考核。

e.检查护理质量（服务对象的舒适度，基本护理质量及专科护理质量）。

f.检查病历书写质量（各科签字，检查资料完整）。

2）病房交接班

①医务人员着装整洁，站立端正。

②交班口齿清楚，声音响亮，交班思路清晰，重症服务对象重点交班。

③医生对重点服务对象补充交班内容。

3）医疗措施落实

①医嘱开具规范，内容清楚、完整。

②检查申请单描述清楚，检查目的明确，有具体检查时间（包括预约及病房安排）。

③治疗医嘱执行到位、规范。

说明：由评审组抽内科、外科各一例现诊服务对象，内科抽查住院 5 天以上的危重服务对象，外科抽查术后 3 天的服务对象。

④模拟案例：（模拟急诊服务对象从接诊至手术的过程）

给定情况，考核：

①即时迎接。

②即时查生命体征、判断病情。

③通知医生（医生到达时间）。

④开通绿色通道。

⑤服务对象处置（吸氧、监护、输液等）。

⑥病史采集规范、体格检查准确。

⑦急诊病历书写。

⑧检查前病情交待、知情谈话。

⑨中途护送。

⑩叫上级医生、会诊。

⑪有创治疗知情谈话。

⑫有创治疗操作规范。

⑬重新评估病情。

⑭再次与亲属沟通。

⑮修正诊断。

⑯麻醉科会诊。

⑰开通绿色通道。

⑱术前谈话。

⑲术前准备。

⑳护送至手术室。

㉑手术室交接班。